# Knowledge BASE 系列

一冊通曉 關心社會，不能不知道的文化政治學

圖解 文化研究 更新版

陳瑩巧 著　方孝謙 審訂

U0030596

# 以思考的力量滅殺知識的細菌

　　《圖解文化研究》出版至今，從丙戌到戊戌年，轉眼過去，竟已有十二年的時間。

　　過去十二年間，由於科技的日新月異，智慧型手機的興起，社群網站的發達，跨國資本主義與消費主義當道，人們所接觸到的資訊、接觸的方式、來源、頻率，已經遠遠超越過去人類歷史所有資訊量與交流量的總和。不僅如此，互動頻繁的小眾媒體使得許多人能夠以極少的資源，在公開領域發表自己的意見，甚至將自己的意見最大化。新的名詞，如「網紅」、「Youtuber」更點出傳統的受眾，已經不再僅是被動接受訊息的大眾。然而，在這種看似民主的網路時代，卻產生幾個令人不得不深思的課題。第一，受眾在主動發表意見或使用網路的同時，雖然滿足了網路使用的主動權，卻同時洩露自己的身分或喜好等重要訊息，提供網路通道的供給者——也就是資本家或既得利益者，控制不同受眾心理狀態的機會，並讓其藉此圖利，對社會造成不良影響。第二，在圖像大量取代文字，成為傳遞訊息以及與他人互動時更重要的資料和形式，受眾不但容易陷入毫無立體感的二維思考模式、失去文字因大量留白和語誤而獲得的想像空間，還容易掉入語言遊戲的陷阱，進而失去良好的言說能力與接收訊息時的判斷能力。

　　曾幾何時，虛擬世界逐漸替代我們思考，進而奴役了我們的生活，但我們卻渾然不覺，繼續毫無防備地貪戀其方便性，以為這是最有效快速的溝通方式。殊不知在這當中，我們已經不知不覺失去了「懷疑」的能力。網路上一再出現的假新聞假照片假知識，並沒有遏止健忘的人們享受以訛傳訛的溝通樂趣。而樂趣，似乎已成為絕大多數網路使用者共同的追求。建築在這個樂趣之上，人類社會中許多固有的善意與價值，已逐漸崩潰。

　　因此，在這樣一個令人眼花撩亂、思考失焦的時代，「批判性思考能力」便顯得愈發重要。「批判性思考能力」是建立在知識基礎之上的分析能力，而什麼樣的知識基礎，可以激發我們的「批判性思考能力」？「文化研究」無疑是最具概括性也最容易入門的知識基礎，它讓我們的思考有了著力點。

　　「文化研究」是一門介於、甚而遊走於哲學、文學、社會學之間的學科。它的研究對象就是我們的日常生活：個體生活如何共同體現出群體生活，而群體生活又如何影響個體生活，以及在個體與群體生活之間，權力結構與知識建構的關係。文化研究者對「知識」如何產生與傳播給受眾，是非常敏感的。簡單地說，其研究目的便是還原知識本身被生產與消費過程的真相。一旦我們對諸如「意識型態」、「文化霸權」、「結構主義」等內容有所認識了解，我們便像是在腦袋裡裝上一層濾網，面對以分秒計算不斷進入意識與潛意識的知識與資訊體系有所分辨、警惕，進而對所遇事物都能夠以具體的知識根據而有所

見解與註解，不至於人云亦云。這是因為思考的力量足以滅殺知識的細菌，增進我們對無益資訊的免疫力而不為其所操縱。

由於「文化研究」學科本身是西方學術的產物，也就是說，領導世界學術潮流的歐美學術界，在進行「文化研究」的同時，不可避免地必須面對自身便是知識工業的資本家兼生產者的問題。因此，西方的文化研究者在研究文化的同時，一方面以事實基礎發展理論，一方面卻不得不面對自己將自己以「文化工業」、「霸權」、「意識型態」解構的尷尬處境。尼采的「上帝已死」語出驚人，卻也充分描述了歐美學術界所面臨的困境。撇開這些困境不談，將圖像與文字皆視為「文本」而加以分析，對文化研究者來說，的確是一個有效並且有趣的手法。因此，在「文化研究」這個領域，我們便不得不將「文學理論」當中最重要的幾個「主義」摸熟，才能進一步撥雲見物，知曉文本裡所暗示與包含的意義。接著，再以近代哲學中幾個重要的理論將現象的前因後果、操作方式釐清，進而將自己從訊息謎團中解救出來。

循著這樣的思考脈絡，《圖解文化研究》可以粗略分為三大部分。第一部分包含第一章與第二章介紹文化研究的起源與主要研究議題。第二部分總共四個章節，為第三章到第六章。第三章與第四章說明了以歐洲為主的近代西方思潮，如何被應用於分析人類的生活。第三章呼應了自馬克思而起的歐洲哲學理論，第四章則以文學理論為主，闡釋上述將圖像與文字皆視為「文本」加以分析的研究方法。第五章與第六章，可以視為對西方文化研究方法與研究對象的反詰，針對後殖民主義與全球化有化繁為簡的闡述。最後一個章節中，讀者可以十二年的時間軸，窺見文化研究當今的研究主題。有趣的是，今年適逢馬克思兩百年誕辰，在我們生活的時代被稱為「後現代」的現在，馬克思的思想卻仍是如影隨形，在本章再度出現，足見其分析人類生活的觀點具有超越時代的重要性。此外，「全球化」──包括「反全球化」──與「科技」對人類的影響，亦是文化研究的重點目標。

自然，理論永遠都不會是完美的，人類生活型態的多變與萬變，挑戰著每一個理論架構與分析力的極限。因此，文化研究的理論裡便有了許多「後」字輩：「後結構主義」、「後馬克斯主義」、「後現代主義」等等。由此可知，理論和生活一樣，永遠在演進變化，也難怪十二年後，編輯必須告訴我，此書得以更現代的編排方式，再版呈現於讀者面前。對此，我樂觀其成，報以深深祝福。希望讀者能夠經由深入淺出的介紹，將獲得的知識應用於生活當中，而對所處環境中的「資訊／知識污染」產生一定的免疫力。

再次謝謝總編輯麗媛，謝謝當年辛苦的責編林雲，謝謝努力將本書再度編排再版的現任責編，也謝謝因易博士出版社而牽動的一切緣分。

謝謝。

陳瀅巧

3

# 兼具理論深度與實踐活力的新興學科

文◎方孝謙（政治大學新聞系專任教授）

## ◆回顧文化研究兩大典範

英國文化研究的巨匠霍爾，在一九八○年於《媒體、文化與社會》期刊中發表〈文化研究：兩大典範〉論文，文中回顧了影響文化研究的兩個學術典範。他認為英國本土的「新左派」—從霍加爾、威廉斯、到湯普森，提供了文化研究的奠基典範。以威廉斯的理念來說，他把文化視為人類實踐—包括想法與做法一的總和；而研究文化就是要理出實踐總和中各種典型的人群互動關係，以闡明人如何具體地生活在這些關係之中，形成他或她的「感覺結構」。

奠基典範之外，法國的結構主義則是推進文化研究從事具體調查的另一典範。從李維史陀到阿圖塞，結構主義者把文化看成由人類的心靈範疇與架構所投射出來的社會狀況，所以研究的重點就放在解析心靈範疇如何運作。而為了達成這項工作，他們先了解人類的語言如何運作，因為他們認為語言與心靈的運作有一種相似的關係存在。

在說明了兩種文化研究已經使用的典範之後，霍爾檢討了它們各自的優缺點，並指出文化研究未來的新發展，是在法國哲學家傅柯所帶領的「主體」與「論述」研究，及重回文化的馬克思式政治經濟學研究等方面。

## ◆盡覽文化研究重要議題

在霍爾寫作後四分之一個世紀我們重看此文，愈能從中體會《圖解文化研究》的優點。本書在圖文並茂的基礎上，當然帶給了社會大眾想要了解這一學門的基本知識；尤其有些圖表的整理，我認為就是對教授文化研究的老師，也會有提綱挈領的作用。並且，對照霍爾的前文，我們更會發現本書大幅擴張了霍爾的行文重點：霍爾論「新左派」與結構主義兩種典範，非常注意兩派對文化的定義與他們如何研究文化。對這兩個問題的重視，也充分反映在本書的各篇當中。舉凡文化定義的演變、文化與文明的差別這些定義性的問題，不但早早出現在第一篇，同一篇中也涵蓋了如何研究的部分課題，如文化研究之前各學門對文化現象的研究、為什麼要研究文化、西方的文化研究重鎮、文化研究的方法等等。

如何研究文化的問題，除了上述誰（哪一機構）用什麼方法去研究的層面以外，更重要的還包括現今哪些文化現象值得研究，它們具有什麼理論上的意義與價值這些重要問題，而回答它們就構成本書二到六篇的主要內容。

二到六篇當中，不但提到了霍爾文中所討論的「新左派」—從霍加爾到威廉斯，及屬於結構主義一派的李維史陀與阿圖塞，更重要的是補充了一般英國

文化研究者幾乎是嗤之以鼻的德國法蘭克福學派，以及該派很重視的「意識型態支配大眾」、「消費社會」等研究議題。簡單地說，二次戰前的法蘭克福學派，固然是偏執於資本主義的既成制度方面，而認為這一制度不斷刺激大眾不必要的消費慾望，使得他們無法辨清盲目消費的社會並不可取；也就是說該派小覷了消費大眾的反抗力量。這一立場後來遭到文化研究者的批判與輕視。但是隨著法蘭克福學派核心成員阿多諾與班雅明的德文著作，大量迻譯為英文，我們知道文化研究者的輕視恐怕是出自無知者居多。可以說，如果沒有阿多諾與霍克海默在一九四〇年代就質疑歐洲十八世紀以來的啟蒙運動，戰後歐美學術界的後現代主義，也就是反啟蒙主義，難以想像會有今日的昌盛。

另外本書第五篇對「東方主義」的討論，也同樣補充了霍爾所謂文化研究的新發展之一，是延續傅柯的「主體」與「論述」研究。《東方主義》是一手撐起「後殖民主義」研究的大將—薩伊德的成名作。在書中薩伊德就是根據傅柯的理論，構思「策略性位置」與「策略性形構」的概念，以分析「個別作者和三大（殖民）帝國——英、法、美——之政治企圖的動態交換所產生的著作」，也就是研究上述著作中別具影響力的「文本權威」。所謂「策略性位置」，是文本中的作者面對他或她的東方資料所採取的立場；而「策略性形構」，則指這類歷史文本間的關係，也就是「文本類型之間獲得其重量、密度、及指涉力量（的過程）。」在他的分析中，薩伊德把文本中的白紙黑字視為「再現」，也就是「經過對『東方的』任何真實面加以刪除、置換、彌縫補缺後呈現給讀者」的東西。透過他的兩個概念，薩伊德讓我們明瞭西方殖民者對其殖民地所泡製出來的「知識」，正是扭曲真實而令被殖民者自我矮化的所謂「東方主義」。另外，第五篇對後殖民主義研究的另外兩位名家，史碧娃克與巴巴，也做了初步的介紹。

本書的最後一篇，也如同霍爾的文章一樣，檢討了文化研究發展至今的優缺點，甚至也指出文化研究未來的發展方向，是在同志理論、後現代主義、全球化與科技等方面。至此，本書可以說擷取了霍爾名作的精髓並加以發揚光大，同時適度補充了時過多年，霍爾之後文化研究各方面甚至各地域（第六篇）的發展現狀。

## ◆重返馬克思❶：生產方式影響倫理關係

不過我們注意到，霍爾當年提出文化研究的另一新發展，是重回文化的馬克思式政治經濟學研究。他在文中並沒有以具體事例說明這一研究為何，經

過了二十多年，本書限於篇幅也沒有對文化的政治經濟學提出進一步說明。在本文的剩下篇幅中，就讓我們以「弱者的武器」及「文化的空間分析」兩個事例，填補文化研究發展中的空隙，並說明如何運用馬克思的上下層社會結構理論。

《弱者的武器》是政治學者史考脫一九八五年的名著。他指出第三世界居大多數的鄉民，不常以叛亂或革命來反抗地主資本家的壓迫，反而是在日常偽裝下施展抗拒的行為。在本書中史考脫採用馬克思之生產模式的生產力（下層結構）及生產關係（上層結構）模式，來組織他在馬來西亞的村莊——西達卡（化名）——田野調查的資料，但是強調上下二層結構都必須透過當事人的意識與理解才能運作。資本主義與西達卡發生關係，是透過馬國政府為增產而在當地投資的兩項建設：耕種的機械化與擴大灌溉區使得該地稻米可以一年兩熟。這種生產力的改善帶來貧富農戶關係的轉變：從租佃權、租金、打工給付、禮物饋贈等行為都可看出。而階級關係的矛盾都反映在日常生活的「文化產品」中，亦即人前人後的私語、謠言、笑話、成語及民謠等等。

史考脫從上述文化產品中讀出了西達卡鄉民在生產模式未改變前的兩大道德理念：所有鄉民在神明面前都是平等的；富人有義務幫助窮人。隨著國家建設的介入，鄉民的所得差距逐步擴大，但是鄉民的道德理念卻尚未改變。所以不管富農或貧農，都只能以他們現有的、舊的文化資源來論述所得兩極化的現象。儘管貧農的絕對所得在增產之後有長足的改善，然而，他們擅長誇張自己的貧窮程度而歸咎於田租上漲或耕地減少；最終他們歸咎於富人為富不仁，擅改了租佃的規定。

另一方面，富農既然還沒有資本主義的經濟人語彙，他們同樣訴諸傳統文化來維護權益。他們強調窮鄰居物質生活的實質改善，並掩飾自己新得的財富以證明他們還是遵守神前平等的古訓。所以新生產模式中的貧富階級，各取傳統道德中有利於正當化己身的部分，以保護自己的利益。

所謂「弱者的武器」當然是指著西達卡的貧農如何以與富農共享的道德理念，注入於日常生活的私語、謠言、笑話、成語及民謠之中，以達到宣洩不滿的作用。史考脫預測隨著機械化、商品化的資本主義腳步加緊踐踏西達卡，弱者的武器只會愈顯無力，因為過去共享的道德理念只會加速消逝，而被一套適合資本主義生活方式的倫理，如個人主義所取代。本書的最大優點，是把貧農富農兩個階級在文化上的活動——說笑話、唱民謠——牢牢維繫在變動的物質生活環境（耕種的機械化與灌溉區的擴大）之中，因此體現了文化的政治（指

兩個階級的權力關係）經濟學分析。唯一的缺點則在輕忽回教眾生平等及窮富相助教義的耐久性；試觀今日回教基本教義派對抗美國所形成的恐怖主義，就可知道傳統文化有其自主性，不是全然隨著物質生活環境的變化而跟著轉移。

## ◆重返馬克思❷：現代主義＋時空壓縮＝後現代主義

最後以「文化的空間分析」為例，是取材二〇〇六年六月到過台北演講的地理學者大衛哈維的研究。哈維一九八九年出版的《後現代性的條件》主張，在一九七二年國際能源危機前後，我們看到資本主義中的現代主義文化逐漸蛻變為後現代主義文化。但其實這個文化蛻變，最終原因出在資本主義的下層結構也在一九七〇年代初期從「一條龍」生產線的「福特主義」逐漸向委外經營、產品代工的「彈性積累」模式過渡。而下層結構的轉變則是透過「時空壓縮」的過程影響到文化的遷移。

詳細地說，生產線似的大量生產會週期性的發生過度生產、利潤降低、資金與勞力閒置（合稱為「過度積累」）的困境。戰後主張「福特主義」的人面對這個困境，除了訴諸凱因斯理論的貨幣貶值與宏觀調控之外，只能操縱時間（如增加勞工，緊縮從生產到上市的時間）與空間（如透過世界貿易組織WTO而擴張貿易市場）來化解。

正是「福特主義」操縱時間與空間以解決「過度積累」的手段，急遽貫注了一般大眾「時空壓縮」的經驗。因為大幅度地將設備、幹部外移到譬如說中國大陸（這也正是「彈性積累」模式的一大特徵），再要求政府小三通、大三通，又加上電子、平面媒體的報導，我們會感覺到空間的隔閡已被資金的流動和空運的便捷所克服：現在真的是「天涯若比鄰」了。

隨著「福特主義」大量採用委外經營、產品代工方式而向「彈性積累」生產方式邁進，人們的「時空壓縮」經驗愈發豐富，也就愈會在文化上層表現新的時空經驗。以後現代的建築為例，建築師可以把歷史上的金字塔、雕樑畫棟、梵塔造型同時並用；也可以把地理上的斜屋頂、和室、長板凳共融家中。這種但求華飾、「好玩」的風格，與現代主義的建築強調「外型極簡、功能至上」迥然不同。但是哈維主張，所謂後現代文化只是現代文化的延伸，而延伸的動力來自「時空壓縮」的經驗；最終不管是文化還是時空經驗，都只是反映「福特主義」為了解決「過度積累」而向「彈性積累」模式的延伸。後現代主義只是晚期資本主義的危機象徵。

方志謙

# 目錄 CONTENTS

# 文化研究的主要議題

# 西方文化理論（一）：
# 啟蒙的創見

# 目錄 CONTENTS

## 西方文化理論（二）：當代重要文化理論

## 東方主義的興起

# 地域性文化研究

# 文化研究往何處去？

# Chapter 1
# 文化研究是什麼？

　　「次文化」、「網路文化」、「傳統文化」、「消費文化」等與「文化」有關的詞彙經常出現在人們的日常生活中，並且常與「風格」、「習俗」等詞彙交錯使用。「文化」，一個定義模糊卻又隨處可見的詞彙，它究竟是什麼，我們又為什麼要研究它呢？

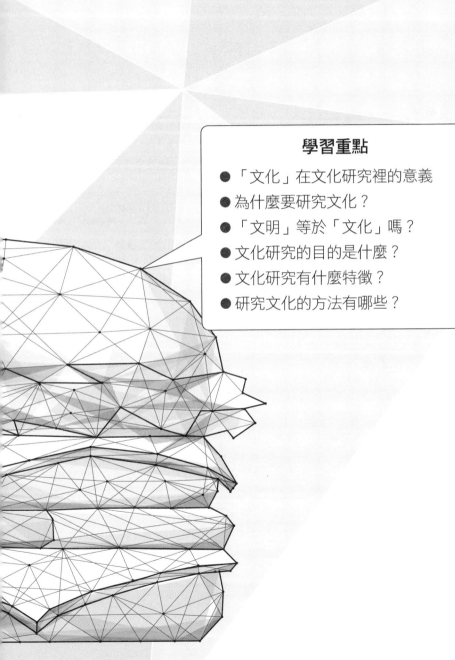

## 學習重點

● 「文化」在文化研究裡的意義

● 為什麼要研究文化？

● 「文明」等於「文化」嗎？

● 文化研究的目的是什麼？

● 文化研究有什麼特徵？

● 研究文化的方法有哪些？

# 「文化」是什麼？

「文化」的定義，隨著國家、種族、時空等的差異而有不同的解釋，其定義之繁多，以及與其他諸如「文明」、「藝術」等詞彙的通用與混淆程度，使得解釋「文化」一詞極富挑戰性又令人玩味不已。

## 文化衝擊

「文化」一詞，或許無法詳細描述或精準地定義，但只要有另一種文化型態出現，就很容易讓人發現不同文化的差異。當人們出國旅遊或是僅僅看到電視旅遊節目介紹非洲原住民的生活，就可能會讓人因為不習慣或不了解某個民族的生活方式，而產生一種「驚奇」的感覺，某些人覺得理所當然的事，卻會讓身處異地的人們覺得不可思議。例如回教的一夫多妻制相對於以基督教信仰為主導的一夫一妻制，在觀念上或生活型態上便有極大的不同，這便是所謂的「文化衝擊」。在通訊與交通愈來愈發達的世界，當今人類較諸以往，有更多機會接觸到不同的文化；在我們的日常生活裡，這類的衝擊似乎已經司空見慣了。

此外，從與「文化」相關的詞彙，如「文化水準」、「文化遺產」等之中，我們不難發現，「文化」一詞在和其他字詞組合時，定義也會有所變動。「文化」可以指稱無形的氛圍、氣質與教養，也可以代表有形的古董與藝術作品。一九五二年於英國所出版的《文化：概念和定義的批評回顧》一書中，人類學家克魯伯和克拉洪蒐集了世界各地古今中外的「文化」定義，竟歸納出超過兩百種解釋，這也可以算是一種定義上的「文化衝擊」吧！

## 「文化」：定義的演化

當今關於「文化」的定義，多以西方學界所採用的理論為主，並以英語做為解釋的語言。和其他大多數歐洲語系一樣，英語的「culture（文化）」是由拉丁文「colere」演變而來。當初 colere 這個字在拉丁文裡的定義有「居住」、「耕種」、「保護」等意思，但這些意義在當代英語裡，都已各自演變出不同的單字。大約十五世紀時，「culture」一字剛傳入英國不久，英語的「culture」僅僅代表「耕種」的意義。到了十六世紀，「culture」從耕種等與農務有關的意義，延伸到了描述對人類心智的教育，即「文明（civilization）」；也可以說，耕種的對象從自然的作物，擴展到了人類的心靈。而這延伸義自十六世紀到十九世紀早期，取代了英語「culture」的原義而成為其主要的定義。

到了約莫十九世紀中晚期後，「culture」的解釋則漸漸超越「文明」

的範疇，而廣泛地指涉人類社會裡，美學與智力的發展與發展的成果，即各種具體的「文物」。也可以說，「文化」的意義又更進一步延伸到了對人類心靈耕種的結果，即人類整體經過文明教養後，所收種的文化果實。現今一般大眾對「文化」一詞的認識，也大多環繞在這樣的定義或此定義的衍生義上。

## 英語「culture（文化）」定義的演變

### 起源
由拉丁文「colere」一字演變而來，表居住、耕種、保護、崇拜等義。

### 15世紀
由法文「culture」傳入英國而成為英文「culture」，意指農事中的耕種。

### 16世紀～19世紀初
「culture」衍生為象徵人類發展過程與心智的教養之意，與「文明（civilization）」意義接近。

### 18世紀末
「文化（culture）」與「文明（civilization）」二詞混用。於德國引起討論。

### 19世紀中
「文化（culture）」代表美學與智力的發展以及發展的成果，例如宗教、藝術等。

### 19 世紀末
英國哲學家愛德華泰勒提出：「文化（culture）包括了知識、信仰、藝術、道德、法律、風俗及任何做為社會一分子所應習得的能力與習慣。」

### 20 世紀中
克魯伯和克拉洪在《文化：概念和定義的批評回顧》一書中歸納出超過兩百種關於「文化」的解釋。

「文化」在不同時空，與不同詞彙組合後，延伸出眾多解釋。

## 百家爭鳴的研究重點

目前以歐美學界為主的學術理論之中，不同學科領域對於「文化」都有著各自的研究重點，讓我們來看看其中幾種學科或學派的觀點。

早期的人類學家所著重的，是研究某個社會的集體生活特徵，以及這樣的特徵如何影響與擴散到其他社會。後來，社會科學中的文化演化論者關心物質文化與社會機構、信仰的關係，因為他們認為某種文化特徵在社會發展的情境裡一定代表了某種意義；如一夫一妻制在西方社會發展裡必然有所隱喻，例如基督教精神，或是為了社會整體的穩定所必須發展的道德價值等等。生態學派則將焦點由演化論轉為「適應論」，觀察文化如何順應環境發展，比如同樣的麵團，西方人將其烘焙成麵包，中國人則蒸成饅頭。結構功能論者則將文化視為「信仰系統」，認為其決定了社會的審美標準，並強化了社會機構，如家庭、學校的權威。結構學派則強調比較分析不同社會的文化結構之間的關係，想藉此描繪出一個普世共通的人類心智架構。然而結構學派受到強烈的質疑與批評，原因在於其意欲同化來自不同文化人們的生活經驗，認為即便是不同的文化經驗，也可歸納出一個共同的經驗架構。在眾說紛紜的學術理論中，每個想法都有特殊的洞見，也同樣引發不同的批評。

「文化」潛藏在日常生活中，在我們所生活的周遭環境裡無法明顯感受到它的存在；但一旦走訪他國，例如在印度看見他們以手抓飯入口，我們的「筷子文化」在此對照下便立即現身，這就是「文化」。透過不同文化的交流，讓我們更加認識自己，也認識了這個繽紛多彩的世界。

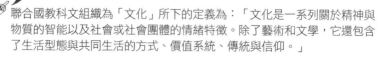

**文化的定義**

聯合國教科文組織為「文化」所下的定義為：「文化是一系列關於精神與物質的智能以及社會或社會團體的情緒特徵。除了藝術和文學，它還包含了生活型態與共同生活的方式、價值系統、傳統與信仰。」

# 各學科對「文化」的研究重點

## 人類學

**研究重點**
- 研究某個社會的集體文化特徵。
- 某個社會的文化對其他社會的影響。

**例如：**
非洲原始部落對太陽或陽具崇拜的原因。

## 社會學

**研究重點**
- 對人類生活方式、大眾文化、次文化的研究。
- 研究方法以量化研究為主流。

**例如：**
拉丁裔非法移民在美國的受雇與工作現況。

## 經濟學

**研究重點**
- 文化對生產方式與生產關係的影響。

**例如：**
中國傳統勞資關係對跨國企業在中國投資的影響。

## 醫學

**研究重點**
- 不同文化對醫學教育與醫護觀念的影響。

**例如：**
器官捐贈在東亞文化圈的發展與阻礙。

學科

## 文化

學派

## 文化演化論

**研究重點**
- 物質文化與社會機構、信仰的關係。
- 某種文化在特定社會情境裡的意義。

**例如：**
一夫一妻制在西方社會隱含什麼意涵。

## 生態學派

**研究重點**
- 觀察文化如何「適應」環境而發展；而環境的變動又如何影響文化的形成。

**例如：**
為什麼西方人將麵團烘焙成麵包，中國人蒸成饅頭。

## 結構功能論

**研究重點**
- 文化所形成的信仰系統。
- 文化如何決定社會價值並強化社會機構的權威。

**例如：**
家庭與學校等社會機構對個人價值系統形成的影響。

## 結構學派

**研究重點**
- 尋找不同社會文化結構背後的共同規則。

**例如：**
筷子的使用在中國飲食文化與日本飲食文化中的意義。

# 「文化」與「文明」的區別

> 「文化」代表了對人類心智的耕耘與教育。受過教育的人，便是有教養的、「文明」的。這樣的觀點，體現了德國人對「文化」一詞的掌握與對自己「日耳曼」文明的驕傲，卻也引發了廣泛的爭議。

## 傲慢與偏見

十六到十九世紀早期，英語「culture（文化）」的定義以「教育人類心智」為主。除了英、法外，另一個對文化有特殊看法的歐洲國家是德國。在德國，「文化」一詞是十九世紀初從法國傳入，並與英語的定義大體一致，也就是「受過教育」、「有教養」或「文明」的意思。但在德國，文化所代表的「文明」或「受過教育」的意義卻備受爭議：何謂「文明」，受過什麼樣教育的人才可稱之為「有教養」的人？然而當時德國人與大部分的歐洲人一樣，理所當然地將教育等同於西方教育，忽略並貶低了世界上其他族群與國家的文化。最顯而易見的例子莫過於十九世紀歐洲各國在全世界展開殖民掠奪之際，他們由於不了解東方與亞洲世界，因而將不同文化間的差異解讀為己身文化是文明的、優越的，他族文化則是不文明的、野蠻的。其實，不只西方國家如此以自我為中心，這種現象也曾在東方出現。如中國古代的唐朝、清朝等強盛時期，同樣將其他民族視為蠻夷之邦。

## 多元文化觀點

「文化」與「文明」縱然有著緊密的關係，但一個沒有受過西方教育的民族，卻不一定沒有「文化」。每一個族群都有自己的生活方式、價值標準、風俗禮儀，這些都是構成文化的要件之一。早在十八世紀末，德國哲學家赫德在他未完成的著作《人類歷史哲學的概念》中，就曾強烈抨擊以歐洲文化為中心的觀點，他率先將「文化」與「文明」的觀念區分開來，認為每一個國家、種族或團體，都應有屬於自己的本土傳統文化，而不同文化之間並無孰優孰劣之分。可惜這種充滿博愛精神的卓見在十九世紀的殖民時代並未受到重視。殖民者以一己之私，將「文化」與「文明」混為一談，並強勢去除殖民地的本土文化，造成了許多「文化創傷」，也使得許多弱勢文化因而消失。

## 「文化」有別於「文明」

「文化」與「文明」混為一談、以自我為中心的文化觀到了二十世紀初，伴隨著殖民帝國的衰落而逐漸被淘汰。「文化」與「文明」雖然仍互相混用，但是兩者的界線漸漸浮現：

「文化」泛指「物質」面向的社會特徵，如中國的米食、英國的炸魚和薯條等等；「文明」則意謂著「精神」層面的滋養，如教育與識字率等等，也就是十六世紀時英語中對文化的定義。再加以深究，文明強調的是後天教養，文化則著重於族群特色；兩者相較之下，文明更具有同化與制度化所隱含的壓抑色彩。

## 文化與文明的差異

### 16世紀～19世紀
### 文化＝文明

> 受過西方教育的人才是符合當時社會要求的文明人。

### 18世紀末～至今
### 文化≠文明

> 德國哲學家赫德提出多元文化觀點，認為文化無優劣之分。

### 文化

● **側重物質層面**
生活方式、風俗習慣、禮儀等體現在社會生活中的整體特徵。
例：服飾文化

日本　　中國　　印度　　英國

● **強調族群特色**
做為心理認同的本源，如客語是客家人真正的母語。

● **認同差異性**
族群文化各有不同，因此無法以單一價值標準批評。

### 文明

● **側重精神層面**
藉由教育使人們遵守一致的社會規範，擁有共同的信仰。
例：宗教文明

佛教　　回教　　基督教　　台灣民間信仰

● **強調後天教養**
做為宗教、政治認同的來源。如天主教禁止墮胎。

● **進行社會化（同化）**
樹立價值標準，對不同文化以相同標準檢視，並使其趨向一致。

# 為什麼要研究「文化」？

> 擺脫了終日為食忙碌的原始生活，經過了漫長的政治變革與歷史演進，近代人類的生活水準已遠遠超過老祖宗。但是，在這富裕的時刻，人類的處境卻也是前所未有地紛亂。

## 「文化」如何成為研究主題？

「文化」成為不同學科的研究焦點是近兩個世紀才發生的，而獨立成一門知識──文化研究則又更晚了。其發展過程與近代人類歷史的發展進程息息相關。十八世紀中葉，工業革命在英國展開，機器取代人工使得生產效率倍增，西方社會因而富裕了起來。富裕的社會雖提升了人民的生活水準，卻也同時帶來社會問題，例如因失業率上升造成的家庭問題或因商業的興盛造成的金錢崇拜等，種種社會現象默默地改變了人們對世界的看法。

此外，為了銷售生產過剩的商品與尋找便宜的原料，歐洲各工業國開始向海外發展，展開了十九世紀的帝國殖民時期。而十九世紀除了是列強的殖民時代，也可說是東西方文化第一次大幅度交流的時代，隨著傳教、貿易等目的的往來，不同的種族、不同的語言與風俗得以相遇，而產生了文化交流與衝擊。由此可知，工業革命對東西方皆產生了重大影響，雖然影響方式不同，卻同時改變了東西方的世界觀。

在社會快速變遷、新舊文化的衝突、東西文化的差異與對壘之下，單一的學科或學術理論，例如經濟學偏重的生產關係、政治學側重的資源分配，或是社會學的階級結構觀點，都已無法完全解釋新興的社會型態與生活方式了。例如二○○一年美國九一一事件較諸以往的戰爭更為恐怖、人類整體貧富不均的現象與前幾個世紀比起來簡直大得驚人。文化的差異一旦被掌握權力的人所利用，慘烈的戰事便一觸即發。「文化」不僅是橫跨不同學科，如政治學、心理學、社會學、人類學等的複雜議題，更成為跨領域的新興學科──文化研究──的研究主題。

## 文化研究的目的

文化研究的主題常是一些看似「軟性」的題材，例如分析廣告，但是分析的目的就是要揭開社會現象表面的文化面紗，說明許多問題並不是簡單的一句「文化差異」所能帶過的，其背後所隱藏的政治、經濟、社會背景或許才是主要的原因。因此，研究「文化」的目的並不只是在於如傳統學科般了解某種文化本身，而是將文化視為一種社會症狀或癥兆，將文化的形成原因、背景，與對社會整體的影響

加以測量、解釋與評估，不只帶領人們了解文化現象的底蘊，也對相關社會現象做深度的反省。這種揭穿時弊的反省精神是文化研究最重要的目的。

# 研究「文化」的形成原因

18世紀中葉
**工業革命**

**社會現象**
● 機器取代人力
● 生活水準提升
● 生產力大增
● 休閒時間增加
● 產業結構改變

形成 →

引起 →

**文化議題**
● 機器取代人工，失業率上升
● 社會階級形成
● 出現全球化與跨國企業
● 消費文化興起
● 婦女就業增加，女性意識抬頭

**權力運作**
藉由機構與媒體介入，凸顯某文化差異或社會衝突，使有權者從中獲利。

**社會問題**
● 貧富差距劇增
● 資源分配不平均而引起衝突
● 東西文化相遇，而產生衝突
● 過度消費而債台高築
● 家庭中男女權力重新分配

促使 →

**研究「文化」**
各有擅場的傳統學科對當代社會現象已無法周全解釋。因此，全面性的文化觀察成為研究焦點與反省的目標。

# 文化研究的起源與發展歷程

> 文化研究從在各學門——人類學、歷史學、社會學、文學——中「流浪」，到獨立成為當代最in的學科是在何時、何地呢？什麼樣的研究可以稱為「文化研究」？

## 成立「當代文化研究中心」

一九六四年，在英語系教授霍加爾的領導下，英國伯明罕大學將原隸屬於英語系的文化研究脫離出來，成立了全世界第一所「當代文化研究中心」，不僅使得「文化研究」成為一門正式的學科，也開啟了文化研究「伯明罕學派」的濫殤。在霍加爾擔任所長時期，「文化研究」的重心仍在以英語系既有的文學批評理論來分析英國當時的社會或文化現象。伯明罕學派主要以「大眾文化」為研究對象，關心商業與媒體社會中勞工階級的生活方式，試圖破除傳統菁英文化的獨占地位。雖然當時的文化研究以分析社會現象所隱含的價值觀為重點，但其影響範圍卻幾乎僅止於學術界。

## 由文學批評轉向社會科學

一九六八年，霍爾接任當代文化研究中心所長，並將文化研究的方法由傳統的文學批評，轉向以社會科學為重心，試圖從中找尋當代文化變遷的軌跡。他將社會科學，如政治學、經濟學、社會學等學科的研究方法融入傳統的文學批評中，使研究者能對文化現象做更全面的解析。以研究台北一○一大樓的文化意義為例，文學批評將其視為一個文本加以分析，但若加入社會學研究方法，一○一可以放在台灣的政經結構或社會背景中做全盤的研究。

## 文化研究的範圍

霍爾的遠見與實踐使文化研究真正成了「跨學科研究」，但這種「撈過界」的研究方式，卻讓許多原本在社會科學裡的研究主題，如兩性關係、政治經濟等紛紛被納入文化研究的範圍。人類社會裡固然沒有一樣事物不被「文化」的概念所涵蓋，但若文化研究的對象因「文化」一詞定義的多樣性而造成任何研究都可稱為「文化的」研究，那麼，文化研究最終必會成為一個多餘的學科。因此，如何確認文化研究的範圍至今仍是一件讓許多學者傷腦筋的功課。但可確定的是，文化研究的核心乃是人們每日生活經驗的形成方式、社會背景或權力結構，例如：「台灣兒童收看卡通的習慣的文化意涵」做為文化研究的主題時，便可從其形成方式、社會背景與權力結構三大面向進行研究。

# 影響當代文化研究的重要理論

| | 國家 | 理論 | 代表人物 | 代表文本 | 基本概念 |
|---|---|---|---|---|---|
| 1840 年代 | 英國 德國 | 馬克思主義 | 馬克思 | 《共產黨宣言》、《資本論》 | 探討資本主義造成的階級鬥爭與人性的異化。 |
| 1900 年代 | 奧地利 | 精神分析批評 | 佛洛伊德 | 《夢的解析》、《文明與其不滿》 | 人的行為受無法覺知的「潛意識」所影響。 |
| 1950 年代 | 法國 | 結構主義 | 羅蘭巴特 | 《影像‧音樂‧文本》 | 研究符號結構所隱藏的社會價值。 |
| 1960 年代 | 西歐 美國 | 女性主義 | 西蒙波娃 | 《第二性》 | 顛覆以男性為中心的價值觀，並與社會運動結合。 |
| 1960 年代後期 | 法國 | 後結構主義 | 德希達 | 《人類科學論述中的結構、符號和戲耍》 | 「去中心」的概念使得社會價值與標準受到挑戰。 |
| 1980 年代 | 加拿大 | 後現代主義 | 李歐塔 | 《後現代狀況》 | 探討後現代社會中「小敘事」興起與「大敘事」崩解的狀況。 |
| | 美國 | 文化唯物論 | 詹明信 | 《後現代主義或晚期資本主義的文化邏輯》 | 研究資本主義發展所帶來的文化形式變遷。 |
| | 法國 | 消費社會理論 | 布希亞 | 《擬仿物與擬像》 | 虛擬世界中，真與假不再截然二分。 |
| 1990 年代 | 美國 | 後殖民主義 | 薩伊德 | 《文化與帝國主義》、《東方主義》 | 「他者」經由媒體「再現」後形象受到扭曲。 |

# 文化研究的學科特徵

> 文化研究結合了文學與社會科學的研究方法，對文化現象以獨特的觀點加以剖析，對表象背後的權力流動分析得更加透徹。

## 在哲學、文學與社會科學之間

霍加爾曾在伯明罕大學成立文化研究中心時，開宗明義地表示當代「文化研究」的範疇為：歷史的和哲學的、社會學的、文學批評的。換言之，文化研究基本上是跨學科的。其中，霍加爾認為又以文學批評為要。因為在所有的人文科學中，文學批評對社會整體的發展具有最強的「反省」能力。霍加爾認為，媒體對大眾文化的形成有一定程度的幫助，但人們批判、反省所接收訊息的能力也是不可或缺的，而文學批評旨在培養大眾批判的能力，因此貢獻大於其他學科。文化研究中心的宗旨為反菁英文化、反主流、推動社會整體向上改革與建立個人的批判力，因此，文學批評自然成為文化研究的主要工具。

另一方面，哲學傾向於探索事物的本質，使文化研究的理論基礎更加深厚；而社會學則研究社會現象的成因，使文化研究更能與社會脈動相結合。因此，綜合哲學、文學、社會學的文化研究發揮了強大的影響力，成為當代跨學科研究的濫觴。

## 跨學科 vs. 反學科

文化研究這種取用其他學門的精華，並將其混用以跨越科別限制的研究方式，使得它常被認為是一種「反學科」的研究，似乎所有既定的規則都被文化研究打破了。例如以馬克思的經濟學角度去剖析社會結構時，會將社會結構分為「上層結構」（指政治、文化、社會領域）與「下層結構」（指由勞資關係構成的生產關係與由技術構成的生產力）。但文化研究打破此一框架，將文化視為單一主題，探討文化與其他因素的關係。

與文化研究有關聯的學科不勝枚舉，而直接被「移植」入文化理論的包括了：哲學中的存在主義、心理學中的佛洛伊德的精神分析、社會學中的性別研究、經濟學中的馬克思主義、

---

**霍加爾**

第一位將文學批評導入文化研究的學者。出生於勞工家庭的霍加爾，不但是「文化研究之父」，更努力為英國的勞工階級發聲。一九五七年出版的《文化知識的用途：勞工階級生活面相》中深刻地分析了勞工的生活與文化，為日後文化研究中心的理念播下了種子。

語言學中的符號研究等等。然而,在借用並打破科別限制的同時,文化研究似乎並未如其他學科一般建立特有的研究方法與研究主題。這或許可以說明為何在法國或德國等歐陸國家少有「文化研究」這樣的科系,而是在每一個學科之下開設與文化研究相關的課程。

## 與文化研究相關的主要學科

| 學科 | 原學科特色 | 文化研究借用要點 | 借用目的 |
|---|---|---|---|
| 文學 | 文學作品賞析、作者背景分析 | **文本分析**<br>分析文字的運用、時代背景與作者背景 | 對相關議題的文獻做比較分析 |
| 歷史 | 編年、考證與考古 | **時間的概念**<br>探討文化現象發生於何種特殊時空背景 | 追溯現象的前因後果,並了解研究結果可運用的範圍 |
| 哲學 | 哲學理論與邏輯推理 | **理論之推理**<br>邏輯思辨等哲學思考的訓練,是每個學科必備的基礎 | 強化研究的理論深度並探尋理論的哲學背景 |
| 社會學 | 分質的研究與量的研究,和社會現象緊密結合 | **分析社會現象**<br>社會學與文化研究議題皆取材於社會事件,彼此多有方法與理論的重疊 | 與社會學式分析相互參照,補充社會學對文化議題研究的不足 |
| 心理學 | 精神分析、認知結構並重;有許多分支,如社會心理學、兒童心理學等 | **精神分析**<br>探討外顯行為背後潛藏的心理因素 | 分析個人及集體潛意識對文化的影響 |
| 經濟學 | 分為總體經濟學與個體經濟學,針對不同規模經濟體加以分析 | **社經背景**<br>研究對象的經濟地位是必要的分析變數 | 了解經濟因素對社會階級的影響 |
| 語言學 | 分析語言在人類社會裡的意義和使用方式 | **符號學**<br>符號是人們互相理解、溝通的媒介 | 透過分析符號來了解文化現象的深層結構 |

## 主觀而不確立標準

文化研究從未以一門「客觀的學問」自居，相反地，它是一門非常接受「主觀分析」與「主觀批評」的學問，強調的是立論有據。由於文化研究反對在權力介入之下，日益「一言堂」化的社會，因此積極提倡「勇敢地發聲與反抗」，換句話說，文化研究重視的仍是霍加爾的那句老話：「批判能力」。此外，由於文化研究反對權力關係不平等所導致的資源壟斷，如個人電腦使用者大部分必須安裝美國微軟公司的系列產品才能使用電腦，因此，文化研究者本身也不自詡為「反抗的標準」，或自認為是社會正義的唯一仲裁者。當人們閱讀「社論」或「書評」的時候，若能帶有批判的精神，洞悉文本所隱含的意識型態，如社論偏某一政黨，或書評事實上是宣傳某本書，文化研究的目標便達成了。

## 文化研究重鎮：
## 英國、德國與法國

在當代文化理論、文學理論、批評理論與哲學等人文學科上，英、德、法三國的貢獻有目共睹。而在跨學科的文化研究裡，英、德、法在現代思潮中扮演著帶頭的角色。雖然各有擅場，但其影響難分軒輊。以德國而言，直接與當代文化研究相關的學術團體首推「法蘭克福學派」，一群法蘭克福大學的學者對「文化工業」，如電視、服裝、音樂等流行產業進行批判，並堅持以「菁英文化」帶領大眾。法蘭克福學派的觀點和英國的伯明罕學派所倡導的「大眾文化」恰巧形成有趣的對比。法國則是另一個令人驚豔的文化理論寶庫，最創新的思想則多來自法國，例如結構主義、後現代主義等，無一不在法國被推演出來或發揚光大。而英國除了學術理論上的貢獻外，最令人津津樂道的是英國人擅長將知識「體制化」。伯明罕「當代文化研究中心」的創立，使得文化研究的成果可以更有系統地傳播，便是最好的例子。

### 什麼是文本

狹義地說，「文本」指的是任何具有書寫形式的文件，無論是文學或非文學。廣義而言是一個具有獨立概念的符號結構。在文化研究裡，「文本」指的不僅是文字紀錄，更泛指一切日常生活中的「具體事物」，如髮型、電影、馬克杯等等。這些東西雖非「文字」，但卻可視為「符號」，其背後皆有不同的文化脈絡與意義。如某種髮型在非洲部落可能代表「奴隸」，但在西方卻代表「時髦」。因此，從字典到廣告文宣，或從賓士車的商標到美國總統的手勢，都可以視為「文本」而加以分析。

## 文化研究三大重鎮：英、法、德國

| 國家 | 英國  | 法國 | 德國 |
|---|---|---|---|
| 成立機構 | 伯明罕當代文化研究中心 | 巴黎大學（文學院與社會學院） | 法蘭克福大學社會研究院 |
| 重要人物 | 威廉斯、霍加爾、霍爾 | 羅蘭巴特、德希達、布希亞 | 阿多諾、霍克海默 |
| 研究重心舉例 | 大眾文化、社會階級分析 | 符號學、哲學理論的發展 | 文化工業對大眾的影響 |
| 影響 | 將社會階級重新定義；使文化研究體制化 | 文化研究所援引之理論多發展於此 | 分析媒體在當代社會的影響力，提倡菁英領導的高尚文化 |

## 文化研究小檔案

### 文化研究

| | |
|---|---|
| 出 生 年 | 1964 |
| 出 生 地 | 英國伯明罕大學 |
| 國　　籍 | 英國、德國、法國混血 |
| 老　　爸 | 霍加爾 |
| 研究對象 | 文化 |
| 研究目的 | 揭穿文化與權力的關係，從而得知人們日常生活經驗的形成背景 |
| 研究方法 | 綜合文學、歷史、社會、政治、經濟等人文社會學科的研究方法 |
| 個　　性 | 具強烈的「反骨」精神 |

# 文化研究方法有哪些？

「文化研究」自文學與社會科學中吸取養分，視其研究主題與動機採用不同的研究方法。與其他學科相較，「文化研究」似乎享有更大的自由，但卻也擔負著更多的學術責任。但不可疏忽的是，文化研究的批判精神永遠是重點所在。

## 文化研究理論的應用

經過三、四十年的努力，文化研究已成為一門在西方眾所皆知的學科，無論在文學院或社會科學院都可以看見它的蹤影。多年的研究成果與文學批評理論結合成為新的文化研究理論，讓後繼者分析文化現象時有所依循。

理論的產生主要是來自於對社會現象的疑問，研究者於是以一個「假設的前提」（如共產主義）為基礎去分析社會現象，以驗證這個假設，使其成為普世皆可用的理論。

但人類的社會現象不同於科學實驗，可在實驗室中將實驗對象分為「實驗組」與「對照組」並對影響實驗結果因素做嚴密的控制。因此，任何文化理論，包括它所有的假設前提也就備受考驗，時有興衰。如蘇聯垮台，使得它建國的憑藉——共產主義也隨之備受質疑。

## 靈活的研究方法

在文化研究裡，往往一個理論出現後，就會有許多人針對此理論發表評論，形成假設、理論、評論交錯為用的現象。人們甚至可以同時以數個理論（即數個觀點、數個前提）分析同一個主題，例如同時以精神分析批評與馬克思主義解釋全球化的某個面向，這也是文化研究最有趣的部分。舉例而言，物理學的牛頓第二定律：$F=ma$，幾百年來無人可將其推翻，但是文化理論中的結構主義，卻一再變形或延伸出更多的理論與批評。由此可知，沒有任何理論——即認識世界的觀點與假設——是永恆不變的，因為我們身處的社會一直都在變。也就是說，「理論」是「活的」，它等著被認同，更等著被人們質疑、批評與推翻。

## 文獻檢閱是研究的必要步驟

文化研究在未成為一門獨立學科前，僅是英語系裡的一項研究主題。文化研究從英語系獨立出來，成立「當代文化研究中心」之後，在創辦人霍加爾的主導下，文化研究的方法深受文學傳統的影響，相關的研究工作理所當然地以「文學作品」或「文字紀錄」為主要分析對象。到了霍爾擔任所長的時期，深受結構主義「文本」概念的影響，分析範圍由「文字」擴展到包括圖像、語言與文字的整個符號系統；就像研究佛教文化時，從佛經的文字內容到法器、佛像做為宗教

# 質化研究與量化研究的對照

| 質化研究 | | 量化研究 |
|---|---|---|
| 研究者觀察、蒐集和研究對象有關的資料，對資料之間的關係與意義進行分析。 | 意義 | 以自然科學方法將蒐集的資料化為數據，並以統計方法分析，得出所研究對象的因果關係，再建立普遍通則。 |
| 對特定主題做「深度」研究。著重單一或少數實例的詳細調查。 | 信念與目標 | 以抽樣調查為主；蒐集大量資料輸入電腦做統計分析，以量取勝。 |
| 一對一訪談：NVivo | 研究方法與應用軟體 | 問卷調查：SPSS |
| ● 研究有較大的彈性，可隨做隨改<br>● 資料的分析與解釋較具主觀性 | 研究歷程的特性 | ● 必須依循一定的研究步驟<br>● 盡量減低研究的誤差、偏見與干擾變項 |
| ● 對社會邊緣議題提供研究空間<br>● 補充量化研究之不足 | 優點 | ● 若抽樣正確，則結論鮮少失誤<br>● 做為質化研究之佐證 |
| ● 研究者易介入議題<br>● 樣本數量太少無法有力立論<br>● 容易以偏概全 | 缺點 | ● 抽樣可能有失誤<br>● 過度依賴統計數字<br>● 容易積非成是 |
| 例如：候選人落選後心理分析 | 適用主題舉例 | 例如：某地區選民政治立場與投票行為之相關性 |

符號所代表的意義，皆可納入廣泛的佛教系統中加以分析；因此，文化研究的分析對象便隨之擴張。在進行研究時，研究者必須將與研究主題相關的文本加以整理、檢視，以回顧與研究主題相關的資料，達到掌握研究主題的目的。這些研究文本的蒐羅、分析皆可通稱為「文獻檢閱」。

## 兼具「質」「量」的研究

到了七〇年代初期，在霍爾的堅持下，社會科學研究方法漸漸被文化研究採用，不僅包括「質化研究」，如一對一訪談、田野調查等等，還包括了「量化研究」，例如問卷調查的統計數據分析。但事實上，質化與量化研究可以交錯使用，並與文獻檢閱相互補充。最後，研究者會將所有研究資料綜合後加以分析，得出研究成果。基本上，文化研究是以文學和社會學的理論與方法來進行研究。

## 「批評」與「分析」同時進行

文化研究所指涉的內容不可避免地必然會帶有價值評斷的意義，因為任何學科在一開始「設定主題」的時候，都已經不可避免地「主觀」地選擇了欲研究的對象了。因此，「客觀」事實上是一個不存在的理想；在文化研究裡，「分析」文化現象事實上正是主觀的「批評」。正如在報紙上的「社論」便是兼具「分析」與「批評」的一體兩面。

那麼，如何判斷其分析或批評的內容是對是錯？若文化研究是主觀的，它的標準又是什麼？答案可能是文化研究還沒有像 F=ma 那樣在近代物理學幾乎不可動搖的公式與標準。但是若回歸到它的研究對象，也就是文化（即人們日常的生活經驗），我們可以發現：文化研究之所以「公說公有理、婆說婆有理」，沒有絕對是非標準的原因在於，隨著時間與空間的遞移，人類集體的生活經驗不斷在改變，價值標準亦不斷變動，正如美國在六〇年代經歷女權運動的衝擊，整個美國社會對「性」的觀念於是有所改變。文化理論的驗證對象既是人們的生活經驗，因此會隨之波動，也就容易被批評、改寫，甚至推翻，造成如「結構主義」、「後結構主義」的更替或共用現象。這是文化研究進行的方式，也是和其他學科不同的地方。

# 文化研究進行步驟

以「一〇一大樓的文化意涵」為例：

研究動機：分析興建世界第一高樓對台灣的意義。 → **確定研究動機與目的**

**進行文獻檢閱** ← 蒐羅興建一〇一大樓之相關文件、世界各高樓之相關歷史文獻，再予以分析。

抽樣（問卷）調查台灣人對一〇一大樓的觀感。 ← **質化研究 vs. 量化研究** → 就台灣社會之政經背景與國際形象做綜合分析。

設計問卷，以郵寄或電訪方式發出問卷再回收。 | **蒐集資料** | 相關新聞或期刊資料蒐集，訪談興建者或文化工作者。

分析、解讀研究結果且與質化研究綜合分析。 | **統整分析資料** | 分析、解讀研究結果且與量化研究綜合分析。

據統計結果顯示：大部分台灣人對一〇一大樓持正面評價。 → **綜合比較質化量化分析結果** ← 一〇一大樓對台灣的國際形象提升有正面意義。

**根據研究結果提出結論**
一〇一可以做為代表台灣的符號

**以文化研究理論為基底進行反省批評**
一〇一透露出台灣社會物質化的徵兆

31

# Chapter 2

# 文化研究的主要議題

　　兩個不同的文化相遇時，會激發什麼樣的火花？在複雜的政治力影響之下，不同文化之間的差異，往往被扭曲為尊卑、上下的階級關係。文化研究與人類社會發展的相關議題緊緊相扣，以其獨特的批判精神，對知識與權力的關係、意識型態及媒體的社會作用加以剖析，幫助人們掌握自己在文化中真正的定位。

**學習重點**

● 「再現」的概念如何影響人們對
  世界的解讀？

● 知識是客觀的嗎？

● 什麼是意識型態？

● 媒體在我們的生活裡扮演什麼角
  色？

● 人與商品在消費社會裡的關係

# 「他者」如何被「再現」？

古中國將他國貶稱為「蠻夷之邦」，殊不知西方經過啟蒙運動後，這些昔日的蠻夷一個個強大起來。在他們的眼裡，中國才是番邦。然而，這種「自我中心」的世界觀到了現代，可說是越發嚴重了。

## 第一次照鏡子的感覺

幾乎沒有人會記得第一次照鏡子時的感覺。但在拉岡的精神分析理論中，卻拿照鏡子的行為為例，巧妙地說明了人類心理發展過程中，「自我」概念形成的方式。拉岡認為，在心理發展上，嬰兒原本分不清自己與環境之間有什麼不同。直到第一次照鏡子時才發現：鏡子裡的人和我雖然長得一模一樣，卻是一個有別於「我」的「他者（other）」。因此嬰兒會進一步地了解到，自己和周圍世界間存有的是兩個客體之間「分離」的「關係」，而非「整體」的「結合」。人類由外而內地，藉著確定「他者」（非我）的存在，使自己更加確定了「自我」與環境的界限，這便是人類在這浩瀚宇宙中找尋自己定位、認識自己的最初方法。

## 有「我」才有「他」

從照鏡子的這個例子中可以知道，「他者」概念的形成亦等同於「自我」概念的形成，當「我」發現「他者」（鏡子裡的影像）是隨著我而動作的時候，「以我為主」的心理意識便逐漸發展出來——我才是主角，世界圍繞著我而轉動，也就是說，這個世界是經過我主觀地理解後而產生意義的。因此「我」才是「擁有權力的主體」，而「他者」則為「非權力的客體」。對非權力的客體而言，「我」是「偉大的他者（Other）」，對擁有權力的主體而言，被壓制的客體則是小寫的「他者（other）」。

若將這種心理狀態放大為整個民族心理，「非我」（非擁有權力的一方）就等於「異類」，而「異類」便注定要被消滅。舉例來說，當古中國的漢民族發現其他民族時，認為「我」漢族才是「正統」，於是便以鄙夷的態度，將其他民族視為小寫的「他者（other）」，冠以「蠻夷之邦」，或「匈奴」（奴僕）、「倭寇」（盜匪）等稱謂。這種「以我為中心」的想法，一直到鴉片戰爭英人入侵中國之後，才被迫改變。中國被迫主客異位，從小寫「他者」的角度看自己時，才驚覺在西方列強的眼裡，中國也是「蠻夷之邦」、中國人是「東亞病夫」。從這個時期起，中國開始了近代被殖民侵略的血淚史。

## 人在鏡中建立自我與他者概念的過程

### STEP1

**人我不分**
嬰兒不能區分己身與周
圍環境，將自己與他人、
外界事物混淆不分。

### STEP2

**第一次照鏡子，
開始區分人我**
嬰兒看到鏡中的影像，
才知道自己與外界的人
事物是分離的。

有一個人會跟
著我動耶！

### STEP3

**初次產生「自我」與「他者」的概念**
嬰兒發現一個有別於自己的「他者」，
且鏡像的他者會隨著自己動作而變化。

### STEP4

我是他者

我是主體

**區分主體與客體**
嬰兒辨認出自己與鏡中影像是兩個不同的個
體，區分出「我」為主體，「他者」為客
體，「我」可以主導鏡中的「他者」做任何
動作，而發展出「以我為主」的意識。

## 「再現」：被別人定義的我

然而，從他人的眼中看見的自己，是經過他人主觀理解、再定義過的自己，和自己原本想展現的自己多少有所不同。而這種經過他人定義並呈現出來的自己，便是被「再現」的自己。例如，列強稱中國人為「東亞病夫」，除了展現當時中國吸食鴉片人口眾多的事實外，另一方面則是因為經過握有權力的「偉大的他者」再現的緣故。具有政治權力的強國（偉大的他者）往往將弱國（他者）「再現」成「次等人民」的形象，並傳播出去，讓小寫的他者進而接受偉大的他者想法，以達到合理化強國控制弱國的目的，而使得政治勢力疲弱的弱國逐步衰敗、甚至滅亡。在民國初年的上海英租界，英國人立下了「中國人與狗不准進入」的告示，當時在中國腐敗政權底下的人民，也只能忍受列強的欺凌宰割，任由民族自尊一步步消滅。

## 被「再現」扭曲的「他者」

到了二十一世紀的現代，強弱國之間的差別多是建立在經濟與政治實力之上。政經上的強弱往往會影響人們對不同文化的認知，並判斷文化的優劣。然而，文化實不宜有優劣之分。此外，人們對文化的理解多是透過媒體「再現」的面貌，經渲染過的報導不見得是該文化的真實面。

經過媒體報導的九一一事件，讓人們看見的是「兇殘」的回教徒不計一切地要屠殺「無辜」的美國人。美國媒體「再現」出的回教徒既殘忍又凶暴，回教國家的人民看來毫無理性。然而，美國人說的回教徒不見得是回教徒的真實面貌，其中又有哪些是被美國「再現」、如何「再現」的呢？況且回教國家的電視台也無法像美國的 CNN（美國有線電視新聞網）一樣傳播到全世界。文化研究所關心的正是這種「再現的過程」，文化研究者所擔心的便是「再現的扭曲」。

在傳播媒體發達的今日，人們很容易習焉不察地接受在外力的介入之下，電視或電影等媒體所傳播的「好與壞、正義與邪惡、美好與醜陋、正統與異類」等價值觀，而忽略了在這些價值觀背後的政治角力與權力分配關係。文化研究的目標之一，就是要還原他者——無論是偉大的他者，或是小寫的他者——的真實面目。

# 強勢文化如何透過「再現」宰制弱勢文化

## 文化原本不分優劣

例如：飲食文化中，各文化使用不同的餐具進食，只是習慣的差異，沒有本質的區別。

**B文化**
用筷子

**D文化**
用獸骨

**A文化**
用刀叉

**C文化**
用手

## 強勢文化「再現」弱勢文化

例如：使用刀叉比較衛生，使用別種餐具是不衛生的。

透過政治、經濟、媒體、教育等手段，強勢文化解讀、詮釋其他文化

他者
擁有權力的
主體
用刀叉 ✔ → 再現

他者 ✘
用獸骨

他者 ✘
用手

他者 ✘
用筷子

他者 ✘
用竹籤

## 形成文化之間的對立

例如：使用刀叉代表西方注重衛生的飲食文化；使用別種餐具的文化則是落後、骯髒，不登大雅之堂。

**偉大的他者**
好，衛生，
進步，正統

他者
壞

他者
骯髒

他者
落後

他者
異類

# 「知識」與「權力」的關係

「知識就是力量」，十六世紀英國思想家培根如是說；到了當代，知識卻成為傅柯眼中用來控制大眾最有效的工具。而在文化研究者眼中，知識充滿了力量，卻也充滿了危險。

## 學愈多，知道愈少！

常聽到有些念到博士，甚至「超」博士的人感嘆：學愈多，知道愈少。除了因為他們在鑽研某種領域的專門知識幾十年後，才驀然發現，自己懂得的部分，相對於知識之海不過是極小的部分；另外一個更重要的原因則是，這些學者專家們發現，自己理解這個世界的能力與孩提時期比較起來，在「方法」上、「觀點」上與「態度」上，反而變得局限許多。舉例而言，若有個人看見家裡的盤子突然飛起來了，會有什麼反應？有一點基本「知識」的人都知道，因為「地心引力」的關係，盤子不可能飛起來。所以當盤子飛起來的時候，見到的人可能會很吃驚，或是很害怕。但如果這個人是一個尚未接觸地心引力知識的小孩子，會有的反應很可能只是好奇，或覺得很有趣，而不會是驚慌失措。

## 知識是「給定」的嗎？

可見社會所教導、給與的「知識」在個人身上累積後，竟可以決定一個人面對事物的「反應」。而這些被知識所制約的反應，也大多反映了人們所處社會的整體價值觀。因為地球有「地心引力」，盤子若飛起來會害怕是正常的（不害怕才是不正常）。因此當人們學習、接受並認同某一特定知識的時候，與其說認同的是「知識」本身，不如說是認同由權力核心所介入的「社會的價值」：因為社會上掌有權力的人認同這樣的知識，這樣的知識才成立。但知識不是應該被當做是「給定的」，是超然的、隱藏在萬事萬物之中的「真理」嗎？怎可能輕易被社會價值所左右呢？但鑑諸歷史，權力干預知識的實例比比皆是，例如，當哥白尼發現地球不是宇宙的中心，而是繞著太陽運行時，因為羅馬教廷等「權力」機構並不認同，哥白尼的

**「給定的」**

是由英文的 given 翻譯而來。意謂著某種由上天所給與的、不必經過科學或任何方式驗證的「真理」，給定的真理就像人需要氧氣才能呼吸一樣，是理所當然應該接受的。

# 權力如何利用知識

## 權力

透過政治、經濟、社會、宗教等面向，擁有權力的人及團體可以領導社會的價值走向，使眾人追隨。

政治　經濟　宗教　社會

**介入** →

## 眾多知識並存

知識是人類對周遭世界理解的綜合結果。不同的理解造成不同的知識版本。

例如：羅馬教廷主張太陽繞地球轉，而哥白尼主張地球繞太陽轉。

我認為地球是繞著太陽轉

我認為太陽是繞著地球轉

哥白尼　教廷

**合理化** ↓

## 經權力介入的知識被眾人接受

經由基礎教育，權力核心所認同的知識被大眾毫不思索地接受。

少數人對抗知識的箝制。
↓
被歸類為社會邊緣人、麻煩製造者。

多數人的思想與行為符合社會價值與權力的目的。
↓
被歸類為守法公民，可以被教導並利用的大眾。

## 權力介入知識

將知識合理化、普遍化，以掌權者的價值觀教育民眾，使標準版本的知識成為判斷是非善惡的唯一標準。

例如：羅馬教廷的知識是正確的真理，哥白尼的思想則是邪惡的。

正統的正確真理　異端邪說

**教導** ←

學說就被視為「邪說」、「異端」。所以,我們無法武斷地說「知識」一定是客觀中立、「給定」的。

## 知識是一種權力的形式

那麼,是「誰」主導了整體社會的價值觀?並進而決定了什麼知識是對的、可以被傳播,什麼知識又是錯的?在君權制度裡,「君王」是唯一的價值指標與權力核心,君權代表的是「真理」,也是是非對錯唯一的標準,知識的來源被君王壟斷,並被當做展現權力的一種方式。就好比英國在十六世紀時,因為國王亨利八世與羅馬教廷發生糾紛,國王一怒之下,把當時很多宣揚天主教義與知識的書籍焚毀,以表示與羅馬教廷的決裂,而這些排除異己的作為,無非都是為了鞏固權力核心。即使到了民主時代,雖然知識的來源並沒有完全被壟斷,

有些知識還是會因「權力的運作」而成為「顯學」,有些知識則被打入冷宮,不受重視。無論當權者是誰,權力對知識的威脅卻幾乎一樣嚴重。例如台灣一九八六年解嚴之後,「台灣研究」成為學術界的新興科目;相對於幾十年前國民政府禁止學生在校說閩南語,台灣本土文化與語言所受到的待遇有著天差地別。

法國學者傅柯認為,知識並非真理的反映,權力關係才是知識建構的主軸。然而,經過權力介入的知識帶給人們的往往是判斷力的削弱,而不是增加。因此對所吸收的知識保持適度的懷疑,可說是文化研究者在檢視權力關係時應該抱持的態度。就像傅柯所說的:「或許到了今日我們應該做的,不是去『發現』什麼,而應是去『拒絕』什麼。」

---

**傅柯**

法國後結構主義思想家。主要的研究為「知識」與「權力」的關係,因此常為非主流的社會團體發聲。其多本著作如《權力／知識》、《性史》皆引起學術界廣泛的注目。一九八四年因愛滋病去世。

# 權力與知識的對立

## 神權時代

宗教掌權者要鞏固神的絕對權威，
凡是不符合信仰的知識都是「異端邪說」。

哥白尼：「地球不是宇宙的中心！」

**對立**

羅馬教廷：「異端處死！」

**勝**

## 君權時代

君權取代神權，成為價值唯一的標準，
不順君意的知識都要被強制消音。

● 天主教徒：「上帝是真主。」
● 知識分子：「平民教育非常重要！」

**對立**

● 英王亨利八世：「我要燒死所有天主教傳教士！」
● 秦始皇：「平民不需要知道這麼多！把書燒了，儒生活埋！」

**勝**

## 現代

權力掌握在官僚體系與資本家的手中，
不符合其利益的知識不受重視。

學者：「哲學與人文科學是萬學之本，不可偏廢。」

**對立**

美國政府：「全力發展個人電腦與應用科學。人文科學為次要學科。」

**勝**

# 意識型態如何支配大眾

> 孫中山先生曾說：「主義是一種信仰，信仰是一種力量。」藉由這樣的力量，眾志可以成城；但反過來講，積非亦可以成是。無形的意識型態力量猶如宗教信仰，使得被支配的群眾堅信自己的理念，進而毫不懷疑地採取行動。

## 意識型態＝「意見」的科學

「意識型態」原文為「ideology」，為法國哲學家德哈西在一七九六年提出，意謂「意見的科學（the science of ideas）」。當時「意識型態」這個詞語僅是一門分析觀念的起源、性質，與演變的學問。之後「意識型態」由「意見」的意義，逐漸演變為意指生活方式或價值判斷的形式，以及人們對事物的認知及立場。

意識型態在發展初期並不是備受重視的一門學問，然而，在傳播媒體急速發展下，隨著電視廣告中潛藏的意識型態對大眾影響力倍增，意識型態日益成為掌權者操縱大眾意見的利器；例如商人藉由無所不在的媒體廣告來創造消費者的需求，以賣出更多商品、賺取更多利潤。由於意識型態對人的想法與行為的影響愈來愈深遠，才進而成為當今文化研究重要的一環。

## 世界的樣貌源自於個人想像

意識型態之所以能夠影響人們，源於人類學習的本能。每個人面對這個世界的方式、對生命意義的解釋並非與生俱來，事實上，生存的態度大部分都是後天學習的成果。人們經由社會化的過程，從家庭、學校、媒體潛移默化，建立自我認同、學習人際關係，以及維持認同與關係的方法，在諸多社會規範的引導下，漸漸地習以為常成為一個適合社會生活的人。因此，每個人的人生觀都受到社會環境的影響。由於對社會環境的認知、體會、解讀人人殊異，所以，一個人怎麼認識、想像這個世界，這個世界便是他所認識、想像中的樣子。人之所以會對世界有不同的想像方式，也絕對不是純粹個人的「意見」或「想法」而已，而是大環境及個人經驗交融綜合的結果。這種同中有異、異中帶同的想像力，便是意識型態發揮影響力的所在。

# 「意識型態」一詞的意義演變

## 18世紀末

### 「意識型態」的起源

法國哲學家德哈西在1796年提出「意識型態（Ideology）」一詞，意指「意見的科學」，也就是分析觀念的起源、性質、與演變的學問。

## 19世紀

### 概念成熟

馬克思在《德意志意識型態》中賦予「意識型態」在社會科學研究上的意義，認為「意識型態」藉由思想灌輸的方式，使被統治階級服膺統治階級的價值觀，社會中的階級結構因而被合理化。

## 20世紀中

### 意義具體化

阿圖塞提出「意識型態國家機器」概念，認為宗教、學校、家庭、司法、政治制度等具體社會控制系統的功能為傳遞統治階級的意識型態，以操縱人們的自我認同與行為。

## 20世紀80年代

### 統整「意識型態」的研究目標

經歷政治運動與社會變遷，研究者將研究目標聚焦在具有「行動」效益的「意識型態」，例如共產主義、資本主義、民族主義等能實際號召與動員群眾的意識型態。

## 信仰產生行動力量

　　若對周圍環境的想像，構築了人們對世界樣貌的認識，那麼，在想像的世界背後，是否有另一個人們心目中的理想世界存在？一般說來，人們對未知的領域或看不見的事物大略會出現兩種反應：一是敬畏（如鬼神），二是嚮往（如天堂）。一旦相信有「美好的理想世界」存在，人們便以這樣的信念激發出追尋的行動力量。而那個在遠方、美好的「理想世界」與現實所處的不完美世界之間的差距，便成了掌權者操弄的空間。操弄的方法往往以掌權者的利益為首要考量，其結果小至謀取商業利益，大至對社會造成傷害。

　　一九六〇、七〇年代在中國發生的文化大革命便是一個絕佳的例子。在文革期間，到處破壞文物古蹟的「紅衛兵」，正是憑著一股「相信」的衝動；他們相信破壞所有過去的舊物，便可以迎向一個嶄新的未來，然而，為了追尋信仰中的美好世界，紅衛兵卻造成歷史文物的空前破壞。另一個信仰產生巨大行動力量的例子是法國在六〇年代末期發起的短暫學生革命，其中口號就是「生活在他方」，意思是在到達那個在他方的夢想以前，先讓我們破壞現有的一切吧！

## 以付諸行動的意識型態為研究目標

　　最初意識型態研究的困難點之一，是因為「意見」是抽象的、主觀的，很難被具體化或系統化地整理。但自一九八〇年代前後，經過共產黨的衰落、冷戰的結束、反恐行動等國際性議題興起後，意識型態的研究重點也從研究意見的起源、性質與演變等等轉變成研究個體或集體行動的「物質面向」，即意識型態發揮作用的行動部分，而非意識本身；也就是指群眾運動中實際的「行動」，而有付諸「行動」的「意識型態」才是文化研究者研究的目標。至於那些僅有想法、理論，而沒有實際作為的各種空談，因為沒有實質的社會效力，多不列入研究範圍。

# 當權者如何以意識型態國家機器操控人民

**意識面**

| 理想世界 | ← 追尋 | 不完美的現實世界 |
|---|---|---|
| 統治階級創造出一個美好的未來藍圖，使大眾相信 | | 因現實生活的不完美而追尋理想世界 |

利用

**行動面**

| 意識型態國家機器 **學校** | 意識型態國家機器 **家庭** | 意識型態國家機器 **司法** | 意識型態國家機器 **工會** | 意識型態國家機器 **宗教** | 意識型態國家機器 **政治制度** |
|---|---|---|---|---|---|

## 塑造符合當權者利益的意識型態

## 以意識型態監管眾人的思想與行動

眾人相互監督、自我監督

## 意識型態國家機器
## 及其運作方式

抽象的意識型態之所以能轉化為具體的行動，有賴於「意識型態國家機器」的運作。「意識型態國家機器」的概念在一九六八年由法國哲學家阿圖塞在其著名的論文〈意識型態與意識型態國家機器〉中提出，其為直接或間接由國家主導的社會控制系統，目的是傳遞統治階級的意識型態，藉此操控人民的意識，凝聚出「支持統治階級」的共識，以達到社會控制的目的。意識型態機器的具體形式包括了宗教、學校、家庭、司法、政治、工會等等社會系統，其操縱群體意識的過程通常是細微的、不著痕跡的。它可使「一大群人」在「不知不覺」中完全接受某種想法（即意識型態）並身體力行，簡單地說就是「洗腦」。而在使人們相信某種想法的同時，利用團體壓力或是規範與懲罰，否定人們其他的想法。這種「否定」通常並非透過暴力，而是潛移默化的教育與說服。例如中國建國不久後，共產黨說服人民必須「破四舊」才能「立四新」，當這樣的想法形成社會整體的「共識」（團體壓力）後，人與人之間便會自動地互相監視對方是否「思想正確」。如此一來，不需要上層的國家或機關等做上對下的監視，下層的人民便會自發性的互相監控。

## 接受或被懲罰

在所有意識型態國家機器中，沒有任何一種比「學校」的影響更深更廣。每個小學生一星期待在學校四十個小時以上，接受「國民義務教育」，「教育」對一個人的影響可見一斑。例如，日本在第二次世界大戰戰敗以前，大部分受過教育的日本人民都相信日本的「天皇」是「神」不是「人」。一九七〇到一九九〇年代初期的大陸與台灣，兩處所倡導的意識型態大有不同。在大陸，學生必須背毛語錄、反對美國帝國式的政治霸權；在台灣，學生要背誦的是三民主義，而美國代表的是一個令人無限嚮往的富裕國度。這些不同的觀念與想法經由學校教育被視為理所當然的真相；而違背集體觀念與行動方式的人會受到被「邊緣化」的懲戒，也就是被排除於團體之外。例如在台灣，若有學生在學校提出「反對美國帝國侵略」的想法，大多數的同學可能會認為此人想法怪異而排斥他，這便是影響最深遠的意識型態機器－學校，對違反集體意識的人最沉默卻最嚴厲的懲罰。

# 意識型態國家機器如何影響個人意識的形成

## 運作「意識型態國家機器」

在日常生活裡運用學校、司法、媒體、宗教、政治制度等意識型態國家機器教導、傳遞統治階級的意識型態，目的是使人們遵守社會規範，藉以維護統治階級的既得利益。

家庭　　學校教育　　司法　　媒體　　宗教　　政治制度

影響

我是誰？我從哪裡來？要往哪裡去？我該如何理解這世界？

社會化

## 形成符合某種社會規範的生活觀

意識型態進入人們的生活概念中，形成對事物的了解及立場。

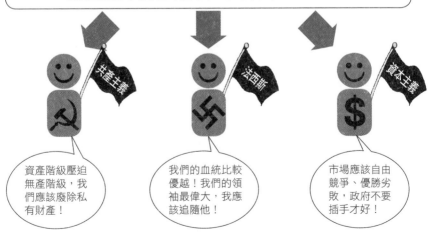

共產主義

資產階級壓迫無產階級，我們應該廢除私有財產！

法西斯

我們的血統比較優越！我們的領袖最偉大，我應該追隨他！

資本主義

市場應該自由競爭、優勝劣敗，政府不要插手才好！

# 霸權與媒體研究

> 廣播、電視、電影等媒體科技發明為人類生活與社會結構帶來前所未有的衝擊。媒體無所不在、無孔不入地介入人們的日常生活，不僅改變了人類思考模式，更成為二十一世紀的「霸權」核心。

## 菁英階層的共識

　　「霸權」一詞，根據葛蘭西在一九三二年論文〈霸權──菁英的形成〉中的定義，是「一個團體，相對於其他團體具有在國家或文化上的優勢與統治地位」。舉例來說，在現有社會體制下的霸權是擁有最多社會與公共資源的團體，如媒體、政府機構、甚至他國強權（美國有全世界最多的通訊衛星），而它們構成了「菁英階層」。由於菁英階層掌握絕大多數的社會資源，其影響力遠大於「勞工階層」，也就是一般的社會大眾，因此，若想推翻霸權、改變整個菁英階層掌控社會資源的不平等現象，唯有凝聚社會大眾的「共識」，建立一個屬於大眾的階層，才有可能改變現況，然而這並不是一件容易的事。由於大眾掌握的資源有限，相較於菁英階層，更需鎮日為生活俗務而忙碌，因此，反而占社會少數的菁英會很有「共識」地維護著自己的利益，以持續享有最多

的資源、維護其霸權地位。

## 媒體是當代霸權

　　二十世紀初，壓迫、剝削殖民地的帝國主義逐漸式微，世界各地殖民地紛紛獨立。但帝國主義霸權對殖民地的影響卻仍然存在。例如英國最大的殖民地印度在獨立之後，印度人民至今仍將說一口正統英國腔英語的人視為菁英，深植人民心中的民族自卑感還是無法完全消滅。如今帝國主義雖已不存在，但另一種形式的霸權卻席捲全球，如歐盟、世界貿易組織，甚或好萊塢的電影工業，其作用的過程與帝國主義頗為類似，同樣都會削弱被殖民者的文化。其中，強勢媒體，例如美國的 CNN（美國有線電視新聞網）、HBO（華納家庭娛樂台）將弱勢國家文化消滅的現象最受文化研究學者重視。若以媒體分布的觀點重畫世界地圖，我們將會發現，全球兩百多個國家可以被濃縮成少數幾個霸權

---

**葛蘭西**

義大利馬克思主義哲學家，曾當選義大利共產黨領導人。一九二六年因反對當時義大領導人墨索里尼而被捕入獄，原因是「必須阻止他的腦袋繼續思考下去。」一九二九年葛蘭西於獄中開始撰寫其重要著作《獄中筆記》，並在身心煎熬下，於一九三七年被釋放後不久辭世。

# 菁英階層 vs. 勞工階層

## 霸權

在國家、組織或文化上擁有優勢與統治地位的團體。

例如

將歐洲各大小國家合併成一個以經濟利益為前提的聯盟，以抗衡美國。

太平洋亞洲地區的經濟合作組織會議，美國也是會員國之一。

| 好萊塢 | 歐盟 | 世界貿易組織 | 亞太經合會 | 聯合國 |

以電影工業的娛樂形式滲透世界各地。無形中促進觀眾對美國文化的認同。

由美國主導，強迫會員國完全開放市場，罔顧各國因國情考量而制定的保護政策。

世界上大部分的國家是其會員國，但仍有非會員國。常任理事國具有否決權，成為變相的霸權。

形成

### 菁英階層

享有大多數的社會資源，並極力鞏固其霸權地位

對立

### 勞工階層＝大眾

只有相對少量的社會資源，難以對抗霸權團體

國家，即美國、英國、法國、日本等國。以最強勢的美國媒體為例，好萊塢的電影、HBO的影集、迪士尼的卡通等等，無一不滲透到世界上任何可以觀賞電影的地區，與每一戶擁有電視的家庭。不分國籍的人們，收看美國影集的同時也接受了美國社會的文化價值，甚至對己身文化產生懷疑。就像當初歐洲列強在世界各地建立殖民地一樣，只是所使用的武器從槍砲變成了媒體霸權的文化侵略。

## 強勢媒體的造神運動

在所有媒體中，以電視、電影、網路最擅長藉由聳動的視覺效果，選擇性地將某人、事、物「偶像化」或「神化」。這種「選擇性」多半是經過公關公司或專業的媒體形象顧問公司規劃設計的結果。然而，當影像呈現在螢幕上時，由於光鮮亮麗的表象，與幾可亂真的安排，閱聽人往往會不假思索地接受其真實性。強勢媒體便是藉由這樣的「造神運動」，塑造出符合自己利益的價值與意義，進而創造出了龐大的利潤與商機。當台灣的電視媒體與美國強勢媒體NBC（美國國家廣播公司）同步播放「六人行」影集，讓大學生紛紛嚮往「六人行」中的美式生活，將美式生活視為文明的表徵，甚至理所當然地追尋美式文化時，美國媒體便可獲得更多商業利益，但我們既有的文化卻也面臨逐漸失落的危機。

## 有「溝」沒有「通」

「媒體」這兩個字的本意是「媒介」。大眾媒體做為傳遞訊息的媒介，其性質理應是中立的。其實不然，電視上看到的「LIVE（即時轉播）」新聞，似乎應是即時的、現場的、未經修飾、中立性相當高的新聞。但實際上，即便是即時新聞，卻仍是經過幕後工作人員決定新聞處理的方式、撰稿、剪輯畫面，再加上記者的口述旁白所呈現的結果。即使宣稱未經處理的畫面，因為取鏡的角度不同，呈現出來的畫面效果也不一樣。例如一個百人參加的小型演唱會，從空中取景的話，人數看起來較少，然而，若從觀眾之間拍攝，人數看起來就明顯較多，即便是「SNG（現場連線）」，觀眾所收到的也絕對不會是「客觀」的「第一手」資料。由於觀眾無法從新聞報導中得知訊息的真實性，只能接受媒體單向傳播的訊息而受其價值觀所引導；因此，在傳播者（媒體）與接收者（觀眾）之間，並不存在「雙向」溝通。

# 媒體霸權「有溝沒有通」的單向傳播

## 媒體霸權

### 意義
擁有優勢的經濟力量與先進的通訊科技,並藉此建立廣闊的媒體版圖。

### 手段
霸權國家將意識型態藉由媒體力量傳播到弱勢國家,使其人民認同、接受霸權所定義的知識與真理。

### 目的
形成強大的影響力,控制人們的思想、行為,以獲取政治經濟利益,鞏固其強勢地位。

例如

### 新聞報導
以霸權本身觀點出發來報導新聞事件

美國好偉大

### 好萊塢電影
傳播霸權國家的價值

### 電視節目
倡導該國社會所讚許的生活方式

$1000

$2000

### 消費訊息
透過商業廣告強勢推銷、宣揚「消費至上」的價值觀

我要學美國人跳舞

無法回應 ✗

單向傳播 ✓

## 弱勢國家的閱聽大眾
被動地接受霸權媒體所傳播的訊息,無力對抗霸權

### 認知被左右
閱聽人處於被動接受的一方,無法從媒體傳中辨認其內容是否屬實,因而逐漸認同霸權國家的文化。

### 行為受引導
閱聽人的價值觀被媒體霸權所重塑,因此也依循霸權的利益而行動。

### 不重視本土文化
獨霸的媒體傳播強勢地排除本土文化的版圖,使得人民的本土意識日益衰落,本土文化流失。

# 消費主義的興起

> 十八世紀工業革命後，生產線的自動化與機械化使商品得以大量製造，於是有了供過於求的情形。隨之而來，如何「行銷」剩餘商品、創造需求、促進消費，不僅成為現代「消費主義」興起的前提，也是二十一世紀最重要的經濟課題之一。

## 「需求」可以被創造

二十世紀以降，世界經濟急遽發展，很多國家都出現產品與勞動力過剩的問題，對企業家而言，處理這些過剩的產品與勞工最「經濟」的方法，就是將產品「商品化」，並且將依需求採買物品的「購買者」變成依慾望購入商品的「消費者」。將產品商品化最普遍的方式便是賦予該產品一個「抽象」的意義，並藉由媒體廣告將抽象的意義「具體化」，以便使消費者了解此抽象意義在生活中如何被具體地實現。

以衣物柔軟精為例，將衣服洗淨並不需要柔軟精，但為什麼還是有很多人願意購買其實並「不需要」的柔軟精呢？其中很大的原因在於，當商人創出「柔軟精」這樣的商品時，同時創造「衣物需要被柔軟」的需求來刺激消費。而廣告具體刻劃了衣物經過柔軟精處理的美好景象，引發人們對這美好感覺的憧憬，便認為若想滿足這美好的感覺就必須購買柔軟精。消費者「消費」的其實是一種「感覺」，由某種「感覺」而產生的「需求」便足以構成消費的動機。

## 價值的「商品化」

透過商人與媒體的合作製造需求，消費成功地「統治」了我們的生活經驗與記憶。比如說，你或許不認識某個人，但卻可以清楚地指出他腳上那雙鞋子的「品牌」。由此觀之，商品的確構築了我們的記憶與生活的世界，形成「消費社會」。在消費社會裡，人和人的關係很容易建立在對某種商品的認同上，而非了解彼此的個性。在小說《美國殺人魔》中，主角在見到每一個人的時候，都會在心裡先將對方身上所有衣物，包括香水的品牌細數一遍，並不在乎層層包裝底下的「個人」，這就是消費社會的最佳實例。

馬克思認為，產品的意義原本是由人類的勞動所賦予，而不同的勞動者依其長才、興趣製造出不同的產品，再彼此交換，使個人的食衣住行等生活需求得以滿足。但在消費社會裡，人類卻反過來卻將抽象價值加諸於物品本身。因此，產品被神祕化，並擁有一種神奇的吸引力，形成了「商品拜物教」。「商品拜物教」甚至已經將「人類」本身商品化了，亦即「人」的價值可以待價而沽，無論在職場也

# 消費社會如何形成？

## 大量生產、供過於求

由於商品過剩，資本家必須吸引消費者購買原先並不需要的東西。

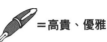

**＝高貴、優雅**

## 商人賦予產品抽象意義

資本家要刺激消費慾望，不只要供給商品。還必須製造商品的「價值」。

## 媒體將商品意義具象化

商品被加上美麗、高貴、時尚等意義，提供消費者美好的想像。

**買名牌鋼筆才有品味**

## 人以商品表現價值

興趣、品味乃至於性格被商品化，成為可以購買之物來表彰。

**紳士精品**

## 進行消費

透過消費，人們滿足了他們對擁有消費產品的夢幻想像與迷思。

## 消費者為之吸引

消費者渴望的不在於物的本身，而是附加於物之上的符號價值，例如美麗、高貴等。

＝ $ 5,000

＝ $ 20,000

**人** ＝ ？

## 人被商品化

人成為有價的商品，在市場上待價而沽。

**消費社會**

## 消費社會形成

消費社會裡，商品構成人們的記憶與生活的世界。

好、情場也罷，每個人都必需努力提高自己的競爭力，否則就會像「沒有市場的商品」一樣被淘汰。

## 自由市場的神話

在大型購物商場中，消費者儼然握有最大的選擇權。但其實被選擇的是消費者本身。從進入商場開始，各個商品都已經設定好其「目標」消費者，什麼商品賣給什麼人。最簡單的例子就像百貨公司不同樓層分別銷售不同種類商品，商人為了更有效地銷售商品，不但商品早在生產之前被分門別類，消費族群也被設定好了。

然而，「需求」雖然可以被創造，卻不是所有人們天馬行空的需要都可以被滿足；生產者會事先衡量商品的市場性以及可獲取利潤的空間。比如

說，台灣某個消費者希望能有一個電視台只播放他喜歡的法語懸疑片，但是，只有法語懸疑片的電視台是不太可能存在的。因為它並沒有廣大的「市場」、也就是沒有龐大的消費力來使得這項商品得到最大的商業利潤。於是，該消費者只能在眾多電視台中去找想要觀賞的法語片，找不到就沒轍。因此，所謂的「自由市場」，不過是追隨利潤原則的「假自由」罷了，而消費能力則成為了一種證明「能力」與「身分」的方式。由商品消費所建立起來的社會，所有的具象的、抽象的價值都已經被商品化，包括自由也必須以金錢交換，而不是真正的自由。這樣的文化現象在馬克思主義的研究中，是最重要的中心命題。

# 物的價值轉化過程

| 時期 | 前資本主義社會<br>（遠古～18世紀） | → | 資本主義社會<br>（18世紀工業革命～<br>20世紀80年代） | → | 晚期資本主義<br>消費社會<br>（80年代至今） |
|---|---|---|---|---|---|
| **物的價值** | **使用價值**<br>●物多因人維生的需求而生產。<br>●物的存在目的是滿足其使用功能。 | | **交換價值**<br>●產品以機器大量製造，以銷售為製造目的。<br>●物的存在目的是使商品以等價形式進入市場流通。 | | **符號價值**<br>●在商品過剩、需求被過度刺激的情況下，商品的抽象價值勝於一切。<br>●物的存在目的是帶來心理的滿足感。 |
| **人與物的關係** | 「物役於人」，物因為人的需求而生產 | | 物與人的勞動分離 | | 「人役於物」，人為了消費商品而存在 |
| **舉例** | 人為了禦寒而製造衣服。<br> | | 製造衣服不是自己穿，而是去市場換取其他商品。<br>流行服飾<br>我要買這件 | | 衣服是時尚、品味及身分地位的象徵。<br> |

# 從「○○主義」到「後○○主義」狂潮

> 「現代主義」在二十世紀大放光芒，為各種「主義」埋下發展的種子。從「結構主義」、「殖民主義」的發展，到與其相對的「後結構主義」、「後殖民主義」、「後現代主義」等，人類理解世界的方式也愈趨多元。

## 現代主義的興起

若想了解二十世紀的西方文化，甚至於想了解所有的「後○○主義」，我們就必須對「現代主義」有所認識。現代主義是在一八九○到一九四五年間，由一群西方文化菁英在歐洲所倡導反省「現代性」的思潮與運動。「現代性」的發展高峰在十九世紀末，此時正值英國女王維多利亞統治，西方人歷經啟蒙運動，崇尚理性，相信人類可以透過客觀的科學方法來尋求真理，脫離傳統的桎梏，進而創造更好的生活。當時西方帝國主義方興未艾，包括英國、法國、西班牙、荷蘭等歐洲列強紛紛在全球建立殖民地。西方美學與藝術受此驕傲與光榮影響，在創作時多採用傳統的美學表達形式，以繪畫為例，傳統的寫實手法一直以來都被奉為圭臬。

然而，這項傳統的藝術形式卻也限制了藝術家的創意。因此當時以維也納為起點，從法國到英國，各國的藝術家群起帶動一個顛覆傳統、突破現有窠臼的運動，也就是「現代主義」。現代主義在繪畫上最搶眼的表現是「立體派」的興起，立體派反對寫實的畫風，將單一物體拆解為幾何的圖形，同時呈現在畫面上，而在建築方面則以「極簡風格」為代表。由建築與繪畫的表現我們可以發現，「簡單」與「創新」是現代主義的重要特色。

## 兩次大戰的影響

在西方文化發展看似一片榮景之時，第一次世界大戰卻在一九一四年無情地爆發了。人們從原來對人類前途一片樂觀的看法轉而變得悲觀。這場戰爭大大影響了現代主義的思考方向，文學上「意識流」的興起就是最

## 立體派

現代美術之父塞尚的一句話「自然界的物象皆可由幾何形式表現出來」為立體派揭開序幕。有別於傳統畫法藉由光線陰影的層次呈現物體原貌，立體派則將物體前方與後方、內部與外部的狀況在同一畫面上結合在一起。代表人物為畢卡索與拉克。

# 現代主義與後現代主義的比較

| 現代主義 | | 後現代主義 |
|---|---|---|
| 19世紀末，西方藝術家對啟蒙運動以來客觀、科學等「現代性」價值的反省。 | **興起背景** | 二次大戰爆發，世界秩序崩解，人類不再一味相信理性的力量。 |
| 1890年～1945年 | **興盛年代** | 20世紀中期～ |
| ●**顛覆傳統**<br>以創新的手法如將文本拆解為片段、破碎的方式來表達對現代性的質疑。<br><br>●**反寫實**<br>認為寫實的風格限制了藝術家創作時反省與創新的可能。 | **特色** | ●**反理性**<br>質疑是否真有客觀的理性存在，因為人自己的經驗往往影響判斷事物的角度。<br><br>●**懷疑真理**<br>以懷疑面對一切客觀化的真理，追求相對與多元。 |
| ●**美術**<br>梵谷：《向日葵》<br>莫內：《睡蓮》<br><br>●**文學**<br>喬伊斯：《尤里西斯》<br>吳爾芙：《自己的房間》<br><br>●**哲學**<br>胡塞爾：《歐洲科學的危機與超越現象學》 | **人物與作品** | ●**美術**<br>安迪沃荷：《瑪麗蓮夢露》<br><br>●**文學**<br>卡夫卡：《城堡》<br>米蘭昆德拉：《生命中不能承受之輕》<br><br>●**哲學**<br>尼采：《查拉圖斯特拉如是說》 |

好的例子。「意識流」小說的重點在於書中主角的「想法」或「意識」，小說可能通篇都是主角散漫的內心獨白與一瞬間的所有念頭，打破了傳統小說以第一或第三人稱的寫實手法。代表人物作品為喬伊斯的《尤里西斯》。其他還有艾略特、吳爾芙和卡夫卡等等。他們的作品不但具備了現代主義突破傳統的實驗精神，也顯現出大戰後人類生活經驗的破碎與疏離感。

在一九一八年到一九三九年間，也就是兩次世界大戰間的短暫和平時光，「實驗的精神」亦在學院裡醞釀出許多日後文化與文學理論的發展根基，而最重要的理論非「結構主義」莫屬。結構主義由符號學出發，將世界上一切事物視為符號，而符號所代表的意義則由社會約定俗成的共識所決定。人們可以透過理性來了解符號的意義，並與他人互動、溝通。然而，第二次世界大戰的爆發不但粉碎了人們對理性的信心，也為後現代主義思潮埋下伏筆。

## 無路可退的「後○○主義」

二次世界大戰的規模與傷亡難以估計，「原子彈」與「大屠殺」使許多科學家與藝術家對人類的未來感到憂心與絕望，他們不再是現代主義所說的「文化的創造者」，反而隨時有可能成為「愚蠢戰爭的犧牲者」。無論是文學、繪畫、建築，無不嘲諷著人類對現況的無奈。因此，西方知識界開始對原有的「○○主義」進行反省，並由此發展出了許多以「post-（後…）」為字首的「後○○主義」風潮。二次世界戰後最重要的思潮運動便是「後現代主義」。除了後現代主義理論的盛行之外，還有從結構主義改造的「後結構主義」與琳琅滿目的「後馬克思主義」、「後佛洛伊德主義」、「後殖民主義」等等。這五花八門的「後○○主義」雖然內容不盡相同，但總是會對本身的源頭如「現代主義」與「結構主義」等做出不同層次的反思。這些「後○○主義」最重要的特徵便是對所有的「中心價值」如真理、宗教與國家權威感到懷疑：因為中心價值已不再是穩定社會的力量，更可能是製造衝突的來源。

### 主義（-ism）

「主義」所代表的意義並不是說明一個既定的事實，它所提供的是分析文化現象與世事價值的「觀點」，而這些觀點多受社會與國際環境影響。因此，與其讓理論觀點限制了原本的思考模式，不如將它們當做一種分析現象的「工具」，藉以了解更多人的想法。

# 19 世紀末以來興起的思潮與學派

## 意識流文學

特徵：內容通篇為作者獨
　　　白，以意識流動為
　　　寫作素材
領域：文學
代表人物：喬伊斯、吳爾芙

## 女性主義

特徵：由女權運動帶動的
　　　女性自覺思潮
領域：哲學
代表人物：西蒙波娃

## 後現代主義

特徵：以嘲諷態度看待當
　　　代社會現象，以遊
　　　戲態度進行批判
領域：社會學
代表人物：李歐塔

**19世紀末**

**1914**
一次大戰爆發
**1918**
一次大戰結束

**1939**
二次大戰爆發

**1945**
二次大戰結束

**1960年代**

**1980年代**

**1990年代**

**當代**

## 現代主義

特徵：反傳統美學形式，
　　　重視內容的創新
領域：藝術
代表人物：畢卡索

## 結構主義

特徵：受符號學影響，主
　　　張世界由多種涵義
　　　的符號構成
領域：語言學
代表人物：索緒爾、李維
史陀

## 後結構主義

特徵：對結構主義裡「中
　　　心」的概念以「去
　　　中心」加以批評
領域：語言學
代表人物：德希達

## 後殖民主義

特徵：對西方知識界的
　　　「東方主義」進行
　　　反思
領域：社會學
代表人物：薩伊德、史碧
娃克

# Chapter 3

# 西方文化理論（一）：
# 啟蒙的創見

　　十八世紀到二十世紀中葉，世界遭遇了劇變。我們該如何理解人類社會從手工業過渡到資訊科技社會的發展？又該如何定位我們在這不斷變動的世界裡的角色？在近代，馬克思的經濟社會分析與佛洛伊德的性心理學幫助人們了解這個世界；再經過法蘭克福學派對理論的整合與英國將文化研究體制化，人類對自身的處境終於有了解釋的根據。

## 學習重點

● 馬克思主義對當代文化分析的影響

● 精神分析的基本概念有哪些？

● 法蘭克福學派對文化研究的貢獻

● 法國五月革命與歐洲文化思潮的關係

● 媒體對人類生活的影響

● 蘇珊桑塔格對美國文化的見解

# 活水源頭：馬克思主義

> 馬克思主義的影響力幾乎涵蓋人類生活的所有領域。在政治上，他使今日的世界分成共產主義與非共產主義兩大陣營，在其他領域諸如文學、藝術、歷史、社會制度等也有全面性的影響。馬克思曾說：「哲學家應該用哲學改變這個世界！」事實上他做到了。

## 《共產黨宣言》與馬克思主義

一八四八年在英國倫敦，馬克思與恩格斯出版了《共產黨宣言》。在當時的政治上並沒有很大的迴響，數十年後，憑藉其中的一句話「推翻私有財產制度」，竟在世界各地引發不同程度的政治與文化革命。《共產黨宣言》基本上以「經濟」的角度出發，說明在工業革命後，機器設備日新月異，原本就擁有生產設備的資本家所占有的資本與特權愈來愈多，相對地使勞工的地位與生活被更嚴重地剝削。因此，資本家與勞工的對立日益加劇，使推翻資產階級的「無產階級革命」成為人類歷史必經的過程，而唯有革命，才能建立一個資源共享、沒有階級的平等社會。宣言裡所點出的許多經濟不平等現象，在帝國主義全球資本擴張時期更為明顯，也因此帶動二十世紀初期的共產革命。馬克思將其經濟理論稱為「共產主義」，而「馬克思主義」一詞乃後人所稱。許多學者將馬克思主義中強烈的「經濟決定論」與「物質決定論」等觀點，即經濟因素、勞資的生產關係決定了人類的社會關係與歷史演進方向，應用在文學、藝術、社會與文化現象的解讀上，而形成了所謂的「馬克思主義」研究主題。

## 「心靈」受限於「物質」

「經濟」與「物質」是馬克思主義學者研究文化現象的兩大核心概念。對馬克思主義而言，笛卡兒「唯心論」式的「我思，故我在」缺乏「事實」根據。唯心論者認為，物質世界只存在於人類的觀念與想法之中，也就是心靈可以決定外在物質環境的價值；相對地，唯物論者則認為，人類所處的環境決定了人類思考的方式，而環

> **馬克思**
> 德國猶太裔哲學家，一八四三年到巴黎參與期刊《法德年誌》的發行工作，於一八四四年閱讀了恩格斯在《法德年誌》上所發表的文章，兩人因而結為至交，並在一八四八年共同發表《共產黨宣言》，之後馬克思被逐出德國籍，一八四九年起在倫敦定居，展開了長達三十四年的流亡生活。

# 資本主義制度下人被物化的惡性循環

## 勞工

- 為了賺取工資而勞動。
- 超時工作。
- 受限於資本家的僱佣合約。

## 資本家將勞工物化

- 人是一個「勞動力」的單位、一個「物」而非一個「人」。
- 人的價值等同於物，以生產力為判斷「人」的價值標準。

好累

換人！

## 金錢價值＞生命價值

勞工只是市場機制的一環，有生產力、能賺錢才有價值；勞工本身的興趣與理想並不受重視。

勤加班的好員工

唯有革命才能打破這個循環！

## 人產生異化

星期日加班日

想陪小孩卻不得不加班

- 因為想要有更好的生活品質而努力工作；但是拚命工作反而失去生活品質。
- 人在資本家主導的世界迷惑失去自我，犧牲私人生活，如社交、家庭…。

境包括了社會階級、收入、教育等等因素，人的心靈或精神生活，受其生存的「物質狀態」所牽制，而非觀念影響外在物質環境。由馬克思的經濟與哲學理論出發，我們可以將馬克思主義歸類為「唯物論」。相對於「唯心論」，「唯物論」的「物質先於心靈」的概念似乎更能觸碰到占社會大多數的勞工階級的心理。

## 馬克思主義研究方式

在文化研究裡，馬克思主義者往往著重物質環境的分析，如勞資的生產關係，即「下層結構」如何形塑人們的思考模式。馬克思主義者認為，對於表現人類思想情感的文學與藝術作品，也是由作者與社會物質環境互動後融合產生的結果，而非出自作者憑空想像的創作。馬克思的觀點應用在文學分析上，其重點在於：一、分析作品表面和隱藏的意義，並以作品當時所處物質與經濟情境加以闡釋；二、分析作者的社經背景。馬克思學派主張，作者的階級、社經背景也會影響創作的目的與作品內容，因此也

是分析重點之一；三、分析作品的形式與其所處政治環境之間的關係。政治環境會決定主流文學形式，例如在清朝科舉制度下，「八股文」就是當政者所指定的寫作形式，所以知識分子莫不努力學習以求功名。

## 馬克思主義「幽靈」

歐美各國在二十世紀中葉後，由於經濟狀況大幅改善，許多勞工階級的子女有機會進入優秀的大學念書，他們對馬克思哲學多所傾心，例如英國文化研究的著名學者威廉斯與霍爾等人。在資本主義的社會型態裡，馬克思主義藉由這群新興的學術界菁英的研究，迅速被應用在各個不同的領域，尤其在文化理論這塊園地，馬克思主義的觀點更是備受重視。馬克思以真實的物質生活環境為依據，讓論點顯得更「鏗鏘有力」。馬克思主義就像無處不在的「幽靈」，在學術的各個層面發揮廣大的影響力，並在世界各地燃起革命風潮，這項成就是其他文化理論可望而不可及的。

### 下層結構與上層結構

馬克思所說的「下層結構」是指生產力（即原料、勞工、機器等生產材料）與勞資生產關係所形成的社會經濟基礎；「上層結構」指的則是政治、法律等社會制度以及道德、意識型態等思想層面。上層結構由下層結構所決定，也就是說，經濟的生產關係決定了個體的政治與社會生活。

# 馬克思的唯物論

馬克思

> 一切社會變遷和政治變革的原因，不應到人們的頭腦中找，而應該到生產方式和交換方式的改變中尋找。

## 上層結構

### 人的理念與社會制度
包括政治、法律、道德、宗教、哲學、意識型態

**例如**：在資本主義社會中，人們相信每個物品都有價，在市場裡流通、交換，而不是共有、分享的；人則是彼此競爭。

**法律**
保障私有財產

**道德**
鼓勵競爭

**社會制度**
群己界線分明

**意識型態**
重視人的勞動力價值高低，而非人本身的特質

↑ 決定

## 下層結構

生產方式＝ 生產力
＋
生產關係

> 即原料、工人、生產工具、技術等生產過程所需的材料

> 即生產過程的組織關係，例如地主與農奴、資本與勞工的關係

**例如**：資本主義的生產方式是由資本家掌握生產所需的機器、原料，以低廉薪資僱用勞工，再以高價賣出商品，從中賺取利潤；而沒有生產材料的勞工必須出賣勞力，才能換取維持生活所需的薪資。

> 要工作賺更多的錢才養得起全家，還要存錢養老

> 我要比別人更努力工作才不會被解僱

> 我要壓低工資才能獲得更多利潤

# 佛洛伊德的「文明與其不滿」

> 佛洛伊德的精神分析理論，在文學批評及文化研究的領域具有重要的地位，也對人類的知識體系有極大的影響。其中，「潛意識」、「戀母情結」、「歇斯底里」等醫學術語，早已被大量地使用在我們的生活中。

## 文明的一體兩面

「文明」一詞，在佛洛伊德的解釋裡，指的是「教化」，而非社會的現代化。十九世紀末，人類進入工業時代已有一段時間，隨著社會的富裕與政治的民主化，愈來愈多人有機會接受教育。因此，有別於傳統上僅有貴族可以讀書識字，中產階級大量接受高等教育、進入大學就讀。結果之一，便是促使整個社會道德規範的建立，形成完備的道德系統，而行為舉止符合道德規範的人便是有教養的。比方說，受過教育的人都應該知道，無論有多開心，在公共場所都不應該喧嘩，這便是一種「教養」。因此，在道德規範的限制下，人們一方面成了有教養的人，另一方面卻壓抑了原來想抒發的情緒表現。雖然「文明」的目的原是要促進社會「整體」的快樂，但很明顯地卻壓抑了「個體」部分的快樂，甚至帶給個人痛苦，而成為一種矛盾的共存模式。早在一九一〇年，德國著名的社會學家齊美爾便說過：「屬於個人的意義與強調的標準本身，不僅屬於社會、也反抗社會。」也就是說，「文明」在某部分帶給人們快樂，卻也在某部分讓人們受到壓抑而備感痛苦，這種矛盾和「道德系統」的發達是息息相關的。

## 「性」的壓抑

在精神分析裡，人類的心理結構區分為代表本能的「本我」、代表現實狀況的「自我」，與代表道德的「超我」。本我是最原始的、以享樂主義為至高原則，這樣的心理特徵在人類嬰兒時期最為明顯。接下來發展的自我秉持的是「現實原則」，即當嬰兒發現其需求並不是每次都會被滿足時，便發展出自我，以壓抑本我的慾望來符合現實狀況的要求，使人既能滿足基本的生存需求，又能符合社會道德規範。最後發展的超我是人類經過社會化的過程而學會服膺「完美原則」，

---

**齊美爾**

德國社會學家，其著作對哲學、社會學與文化研究有關鍵性的啟蒙作用。自一八八〇年至第一次世界大戰期間，可說沒有一位德國知識分子未受他的影響，包括法蘭克福學派。著有《錢的哲學》、《社交性的社會學》等。

# 文明與其不滿

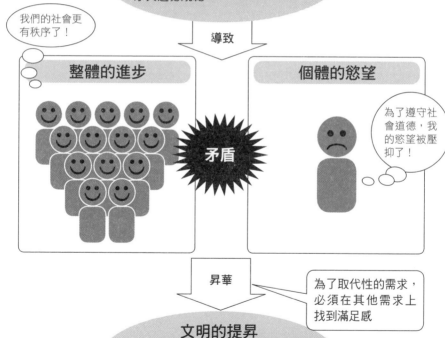

## 教育普及
19世紀末，西方社會漸趨富裕與開放，愈來愈多人有機會接受教育。

**促成**

## 道德規範確立
社會的主流價值觀透過教育傳輸給個人，使人的行為合乎社會秩序與道德規範。

**導致**

我們的社會更有秩序了！

### 整體的進步

### 個體的慾望

為了遵守社會道德，我的慾望被壓抑了！

**矛盾**

**昇華**

為了取代性的需求，必須在其他需求上找到滿足感

## 文明的提昇
因為不滿一己力量受限，人類才會推動文明進步，發展出文化藝術等更高的文明。

將道德規範的重要性置於本我的慾望之前，甚至超越原始本能而壓抑饑餓等生理機制，以求得公眾的利益，如印度聖雄甘地以絕食抗議為手段帶領印度脫離英國殖民，進而獨立是為一例。

佛洛伊德在其著作《文明與其不滿》中，特別著重的是自我對「性」的壓抑。為維持文明的運作，社會將性行為道德化，並以「合法」或「非法」加以區分。合法的性行為便是「一夫一妻制」，反之即是非法。佛洛伊德認為一夫一妻制的道德觀原是為了維持婚姻幸福、滿足個人需求而設，但諷刺的是，它卻導致了「性生活」不幸福；不僅因為制度本身，更因為隨著這個制度所產生的種種道德觀與教養觀念，如處女情結、性是污穢的等等。「性生活」是結婚的目的之一，但為了強化整體社會的道德意識，婚姻或性行為必須符合社會道德系統，因而導致本我需求的不滿足，此時自我便會約束本我的慾望以符合道德標準。被自我壓抑到潛意識的創傷記憶會以另一種方式出現在日常生活裡，如夢境、習慣等意識動作。

在佛洛伊德的眼裡，由社會整體道德系統帶給人們的心理衝突所產生的焦慮，便是現代人精神疾病的起源。所以進行心理治療時，由醫師與病患間診療紀錄的分析來還原潛意識的記憶，即是找出病源的關鍵，也是精神分析最重要的工作之一。

## 對文化分析的影響

佛洛伊德探討了人類由於本能、社會道德與現實環境三者之間的衝突所產生的焦慮，而開創了精神分析學派。其影響所及，可說從西方社會在六〇年代的性解放運動，到語言學的結構主義。當初做為心理治療方式的「精神分析」，現在被廣泛地應用在文學與文化現象的分析上了。以精神分析來解讀文學作品時，可對作者和人物性格加以分析。作者分析也就是將作品的內容視為作者的意識動作，據此從作品中反推作者的心理。而人物性格的分析，則是對作品中角色的性格與行為表現進行分析。精神分析運用在文化現象研究時，文化現象可視為一個大文本，將其如同分析文學作品般地解讀，而此時人物性格分析則是對大眾心理與行為的分析。

### 佛洛伊德

奧地利籍猶太裔，是開創近代心理學最重要的學者。「潛意識」並不是佛洛伊德發現的，但他最主要的貢獻是將「潛意識」定位為影響人類日常生活的決定性因素。他的精神分析理論亦稱「性心理學」，目前仍有很大爭議。因其著作中常引用文學作品佐證，也影響了當代的文學理論。

# 人格結構三要素：本我、自我、超我

## 超我

- 個體於社會生活中受道德規範教養所形成的人格結構
- 是人格結構中的道德部分
- 遵循的是「完美原則」

↓ 要求

## 自我

- 個體出生後因應現實環境的限制而發展出的人格結構
- 在本我與超我之間擔任緩衝功能
- 遵循的是「現實原則」

要求

衝突產生焦慮

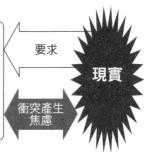

現實

要求

衝突產生焦慮

衝突產生焦慮

## 本我

- 人格結構中最原始的部分，生即存在
- 由人類的基本需求所形成的人格結構
- 遵循的是「快樂原則」

# 文化研究的先驅：法蘭克福學派

一九二三年，一群德國馬克思主義學者在法蘭克福大學成立「社會研究院」，由霍克海默、阿多諾，及班雅明領導投入文化研究與理論發展，其所提出的「批評理論」影響當代文化研究至深。

## 修正馬克思的觀點

法蘭克福學派的主要貢獻有三：第一、對馬克思主義的理論提出修正，認為社會文化的結構與人類歷史的進程比馬克思的觀點更複雜；第二、對啟蒙運動的「科學至上」觀點存疑，認為「科學」會將人的思維侷限在探究「是什麼」而失去探究「為什麼」的批判能力，而他們的研究就是要幫人類找回這樣的能力；第三、對傳播媒體發展與媒體霸權所引起的文化危機做出批判。

就第一個貢獻來說，馬克思認為，資本主義興起後所帶來的階級對立（資本家與勞工對立），會讓勞工階級「自發地」以批判的角度去看待社會秩序，進而發起革命以建立平等社會。霍克海默則認為馬克思的想法太單純了。原因是，就算被剝削的階級產生了被剝削的意識，也會因為社會或經濟條件的劣勢等重重阻礙而無力發動革命。

此外，基於人性自利的考量，被剝削的階級之間不一定是團結互利的。因此，只有在各個社會條件，如政策、經濟，與組織的團結等都有利的情況下，人們才有機會去改變生活現況，而這是非常困難的。

## 對啟蒙運動的反思

法蘭克福學派繼承了馬克思的經濟決定論，但認為馬克思的觀點無法完全解釋不只受經濟環境所決定、也被人的思想意識所影響的複雜社會現象，因此法蘭克福學派挹注了人本主義的精神，將「人」視為主動的歷史創造者，而非被動地被經濟環境所決定。因此，法蘭克福學派對社會環境與教育所給予的各式觀念以及「主流」、「優勢」文化皆予以檢視、質疑，而不像馬克思多著眼於經濟的剝削。

法蘭克福學派認為，沒有任何知識是「理所當然的」或「正確無誤的」，

### 霍克海默

德國哲學家。一次大戰後投身學術研究工作，因此結識阿多諾，與阿多諾同為法蘭克福學派的推手。一九三三年因納粹迫害移居瑞士、美國等地，並在美國哥倫比亞大學繼續法蘭克福學派對文化工業的研究。與阿多諾合著之《啟蒙的辯證》為其扛鼎之作。

# 法蘭克福學派的源流

## 馬克思

- 主張經濟決定論,即經濟環境決定了政治與社會生活與人們的思考方式。
- 認為被壓抑的無產階級會發動革命推翻資產階級。

## 尼采

- 以「上帝已死」的觀點啟迪近代哲學發展。
- 對科學、理性抱持懷疑態度。

## 佛洛伊德

- 人的行動不一定出於理性,而可能受潛意識影響。
- 提出社會秩序來自於對個體性慾本能的壓抑。

## 法蘭克福學派

代表學者

霍克海默、阿多諾、班雅明、馬庫色、哈伯馬斯

## 理論要點

**①** **修正傳統馬克思主義**

社會現象是科學、藝術、法律、生活型態等的結合;單是經濟決定論無法完全解釋新興的文化現象。

**②** **質疑啟蒙的觀點**

- 認為科學發展帶來的不是進步,而是戰爭。
- 文明、理性是統治階級用以進行社會控制的手段。

**③** **批判文化工業**

- 大量複製的文化商品是一種低下的模仿。
- 媒體以商業利潤為目的,服務的是統治階級。

**④** **菁英領導整體**

- 對大眾自我拯救的能力感到悲觀。
- 菁英可以藉由藝術來領導大眾,提升整體的文化水準。

真正的理論是批判性的,不是肯定性的。

霍克海默

科學亦然，強調人定勝天的「科學主義」是啟蒙運動的遺毒。啟蒙運動後，由於工業革命幫助生活品質提升，人類便全盤接受各種科學定律，從事各種科學研究，想藉由科學駕馭萬物，進而駕馭他人，因而造成各種嚴重的紛爭。例如第二次世界大戰之際，原子彈、隱形戰機、軍事衛星等各式武器的發明使得二戰成為一場不折不扣的科學競賽。原子彈的發明可能促成戰爭的結束，同時卻帶來更大的災難，這對人類整體發展而言究竟是福還是禍？科學的矛盾性正在於此。在追求知識的同時，若放棄了對生命本質與意義的探索以及對自身的反省，對人類的前途未必是好事。法蘭克福學派所堅持的「批判精神」或許會是所有因文明發展而衍生的問題的最終答案。

## 以菁英領導整體

法蘭克福學派認為，由於享有的資源有限、且長期被教育所馴化，被壓迫的階級不一定能自發性地批判社會現象，所以身為知識分子與社會菁英的理論家必須將學院內的理論與學院外的實踐相結合，進而改善人類社會。這也是馬克思主義的宗旨。法蘭克福學派主張，知識分子從事研究或提出的理論時不能與社會現實脫節，而高尚文化是知識分子帶領大眾的方法之一，因此非常重視保存文學與藝術等相對於「流行文化」的「高尚文化」。然而，保存高尚文化的目的並不是要塑造一個特定的階級，而是帶領整個社會做批判性的思考，讓社會整體知道什麼才是真正「好」的文化，什麼是低劣的文化商品。

## 反對複製與模仿

法蘭克福學派認為，科技的進步使得藝術品可以被大量複製成為「文化商品」，因此當代的許多藝術作品徒有藝術的形式，卻完全沒有藝術的意義；藝術的真義在於既能使觀賞者享受美感經驗，更可以從中激發出對現實生活的體悟。因此，流行音樂是商業機制中被大量複製的產物，而非真正的藝術作品；而正統的古典音樂轉向流行音樂發展，是現代文化工業對音樂水準與大眾鑑賞力的破壞。「複製」的泛濫對高尚文化是一種危害，大量製造的文化商品雖可以帶來龐大的商業利益，藝術家卻不可輕易對此低頭。

### 啟蒙運動
是十七世紀中葉到十八世紀時，西方知識分子所提倡的「尊崇理性」的運動，其宗旨在於以理性追求人類整體生活的改善。此時的思想家相信科學可以征服自然、人類是萬物之靈，因此人類可以運用理性控制野蠻、以民主取代專制政權，並發展出一個更科學、更文明的社會。

# 法蘭克福學派的發展歷程

| | 地點 | 所長 | 發展重點 |
|---|---|---|---|
| **草創時期**<br>1930-1939 | 德國法蘭克福大學社會研究所 | 霍克海默、阿多諾、馬庫色、班雅明 | ● 以馬克思主義為理論基礎，對當時的社會文化進行研究。 |
| **動亂時期**<br>1940-1949 | 美國哥倫比亞大學、加州柏克萊大學 | 霍克海默、阿多諾 | ● 質疑啟蒙運動所倡導的科學理性。<br>● 檢討文化工業帶來的複製藝術氾濫問題。 |
| **全盛時期**<br>1950-1969 | 德國法蘭克福大學社會研究所 | 馬庫色、阿多諾 | ● 帶動英國文化研究中心的興起。<br>● 批評理論成為許多激進學生運動的理論背景。 |
| **衰微時期**<br>1970～ | 德國法蘭克福大學社會研究所 | 哈伯馬斯 | ● 將佛洛伊德精神分析理論應用於意識型態分析。<br>● 研究勞工階級在當代社會裡的生活實況。 |

# 阿多諾的「文化工業」理論

阿多諾的「文化工業」理論奠定了二十世紀媒體研究的文化論述基礎。阿多諾的一生從無電視機時代跨越到彩色電視機的時代，其理論無疑昭告了「文化獨裁」的時代已經來臨。

## 「破壞文化」的工業

阿多諾在一九四七年與霍克海默所合著的《啟蒙的辯證》中重振了「大眾文化」的概念。沒過多久，阿多諾就把「大眾文化」一詞改成了「文化工業」，因為「大眾文化」很容易讓人誤會其所指的是由大眾產生出來的一種文化，而阿多諾所指的「文化工業」其實是一種有計畫製造「文化商品」或「藝術商品」的工業，例如流行音樂、迪士尼卡通商品等等，其製造目的純粹是為了刺激消費並從中獲取利潤。文化工業消弭了藝術與商業的界線，並將原本互相對立的兩方，統一在資本主義以獲利為目的的文化商品裡，而大眾對藝術的概念也因此被扭曲了。

以音樂為例，典型的資本主義文化邏輯認為，音樂沒有好壞之分，反正大部分的人並沒有能力鑑賞其好壞，只有能「賣」的音樂才能在市場存活，能長期存活的音樂（如英國披頭四和美國貓王的音樂），就算內容再空洞也無妨。相反地，其他無法獲利而消失的音樂，因為沒市場，就算內容再好也沒有用。「文化工業」一方面將好、壞藝術作品的分野抹除，另一方面卻以市場價值來定義好壞的標準。

## 文化獨裁

文化工業不但破壞了藝術的審美標準，還進一步利用市場價值為標準形塑了一個「文化獨裁」的社會。例如，電視的星座節目將人依星象區分為各種星座並依此預測運勢，當星座專家說：「今天雙子座要注意避免和上司起衝突」時，雙子座的觀眾可能會受媒體影響。然而，事實上這句話可以用在任何一個星座、任何一天。正因如此，電視節目才需要「星座專

### 什麼叫做「文化商品」？

商品和生活必需品不同。商品用以代表某人的消費能力，抽象意義勝於實質意義；生活必需品則具使用價值、實用意義。簡單地說，文化商品泛指整個二十世紀由媒體宣傳而興起的流行文化裡所有的商品，如流行音樂、迪士尼樂園等，無使用價值，卻可代表時尚、品味等社會價值。

# 文化工業與高尚文化的比較

## 文化工業

- 生產流行文化商品的工業。
- 商品可以被大量生產、複製。

**意義**

- 大眾為主要消費者,以大眾可以接受的形式為優先。
- 以媒體,尤其是電視為主要傳播工具。
- 商業為其主導價值。將藝術商業化製成商品,做為賺錢的管道。

**特徵**

- 流行音樂,如爵士樂
- 通俗的羅曼史小說
- 複製或模仿的畫作

**舉例**

羅曼史

## 高尚文化

- 藝術家所創作的正統藝術作品。
- 強調藝術作品的獨特性,無法大量複製。

- 以菁英領導社會大眾的看法。
- 不走宣傳路線,和媒體之間無商業掛鉤。
- 追求真、善、美為其主要價值,避免藝術商業化。

- 荀伯格的「不規則」作曲法
- 嚴肅的大部頭文學
- 前衛的原創作品

罪與罰

家」以一種專業形象來「有憑有據」地來決定某人某天的生活態度。這是電視節目藉以掩飾訊息內容的空洞、包裝「文化商品」的手段。而對這些垃圾訊息的接收度就代表著觀眾與這個社會的「接軌度」，接軌度高的人就是符合潮流，接軌度低的人則是與他人格格不入的怪胎。諸如此類「無害也無益」的訊息，藉由媒體傳播而充斥在社會每一個角落，形塑出人們對現實生活的感受，也造成了文化獨裁的現象。

## 如何看電視

許多人在收看電視節目時抱著相信並接受的態度，很少會產生質疑、批判的「反抗意識」。比方說，當一個推銷員站在家門口按電鈴時，很可能引起主人的反感，覺得他是要來推銷東西賺錢。然而，電視，尤其是電視廣告所表達的與推銷員並無根本的不同，但推銷方式卻比較不會讓消費者產生敵意。在〈如何看電視〉一文中，阿多諾點出了電視如何對消費社會中的大眾意見進行有效控制與統治。他將電視所傳遞的訊息分成「公開訊息」和「隱藏訊息」，其中，公開訊息用以刺激消費者的消費慾望，例如請名模為內衣代言，讓人感覺穿上那樣的內衣就會和電視上的模特兒一樣美麗；而「隱藏訊息」則是暗示消費者要購買該商品才能滿足慾望。但諷刺的是，消費者掏出錢後不一定會感到滿足，卻會說服自己所消費的商品其實還不錯。而這一切的最大贏家當然還是幕後投資大把鈔票在媒體上的資本家。

### 阿多諾

阿多諾出生於一個猶太富商家庭，是土生土長的法蘭克福人。其批評哲學深受音樂家荀伯格的「不規則」作曲法的影響，不受世俗審美標準限制，自創了一套獨特卻又令人不得不信服的批評方法。其與霍克海默合著之《啟蒙的辯證》是當代文化研究之啟蒙寶典。

# 電視如何影響閱聽人的過程

## 資本家

資本家為創造利潤而生產眾多文化商品

透過

## 媒體

媒體藉由強力的宣傳
來建立資本家所需的大眾市場

手段一

手段二

### 公開訊息

- 訊息內容有如電影或電視劇情節，僅是一種具觀賞性的影片。

例如：公開訊息為擁有最新款手機是時髦的、在同儕間可造成話題。

### 隱藏訊息

- 在觀賞的背後其實是要閱聽人在放鬆的狀態下接收宣傳訊息。

例如：在公開訊息中包含著隱藏訊息，若想達到公開訊息中所顯示的生活，就必須購買該商品。

## 促進消費

文化商品達到資本家最初設定
的目標，攻下大眾市場。

# 紀德堡與國際情境主義

「要革命！不要改造！」國際情境主義者以激進的口號，對現有社會體制提出異議與挑戰，並發動了震驚國際的一九六八年巴黎學生運動。如今國際情境主義雖已式微，但仍有莫大的啟示作用。

## 體制內 vs. 體制外

在現代社會，人們從一出生到了學齡，就必須上學。幾乎各國憲法都規定，受教育是國民應盡的權利和義務。對於義務教育，法國的激進文化評論家紀德堡提出質疑：或許受教育對人類是好的，但問題是我們要接受的到底是什麼樣的教育？是政府規定的制式教育，還是選擇其他教育管道，例如在家自修。生活在一個凡事須講求「官方承認」的社會，紀德堡懷疑的是，一個真正學養豐富的人，為何還需要被官方承認？其中的核心問題正是「事實需要被承認嗎？」然而，絕大多數的人終其一生卻被社會規範所約束，在給定的環境裡過著沒有選擇的生活，唯一的選擇是在體制內依循社會規範過日子。

## 資本主義奴隸訓練所

紀德堡認為，法國最可憐的人就是大學生。他們必須在政府承認的學校就讀，否則很可能會落得辛苦讀了多年的書，最終卻不被社會承認。在現今的社會環境下，學校成為人民接受體制教育的最佳場所。學校教育正是進入社會前的訓練，學生只是在學習這個社會所給予的價值標準。而這個標準往往又以商業與資本主義為依歸，於是，學校也因此成為「資本主義奴隸訓練所」，教導學生接受社會現況，而不是對其提出質疑。由於學校必須有足夠的系所與足夠的學生才能夠維持正常「營運」，故與營利組織也相去不遠。然而，這些在商業導向的學校中被馴化的學生卻根深柢固地將學校視為「學術的神聖殿堂」，或逃避現實的「文化的世外桃源」。這些完全被制式教育所馴服的學生，就是紀德堡所說的可憐的大學生。

### 「國際情境主義」的影響

一九五七年在法國興起的國際情境主義，主張改革被限制的生活「情境」，使每個人可以真正自由地組織自己的社會生活，而非無意識地被資本主義消費社會所奴役。國際情境主義也將理論付諸實踐，在六〇年代曾發動許多震驚國際的暴力抗議活動，其影響一直延續至七〇年代。

# 國際情境主義的內涵與發展

學校 **資本主義** 文化商品

定價$5000

A大學

=

註冊單
$25000

批判

## 國際情境主義

- **緣起**：《可憐的學生生活》一文引爆 1968 年以巴黎大學為首的法國學生運動
- **代表學者**：紀德堡

### 理論 ❶
**反資本主義**

現代人的日常生活已完全被資本主義滲透；消費主義扭曲了人們的價值觀。

### 理論 ❷
**對抗消費社會**

透過社會運動反抗由資本、媒體所掌控的消費社會。

### 理論 ❸
**倡導革命**

漸進式的社會改善在消費社會是無用的，唯有革命才能建構更完善的生活。

### 理論 ❹
**拯救學生生活**

學生在學校飽受體制與師長的壓迫，是最可憐的無產階級。

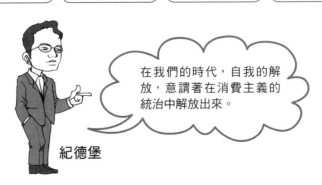

在我們的時代，自我的解放，意謂著在消費主義的統治中解放出來。

紀德堡

## 什麼是國際情境主義？

因此一九六六年十一月，紀德堡以「國際情境主義」社團為名，發表了關於社會現況與學生處境的文章，題目正是〈可憐的學生生活〉。這篇文章引起了巴黎各大學學生的迴響，並促成了一九六八年法國的五月革命。文中不但指出了學校與學生現況，更明白地指出，資本主義以商業為主的意識型態已經由占領人們的日常生活，擴大到全面占領精神生活領域。尤其是學生在學校裡接受制式的教育，很少反省自己的人生與周遭世界，他們寧願被學校與社會像對待嬰兒般地矇騙、限制與寵愛，也不願面對被精神剝削的現實。紀德堡更進一步指出，資本社會利用學校來馴服大眾，將學校變成以知識包裝的文化商品，而學生則是維持文化工業營運的消費者。因此，國際情境主義者號召學生做出真正的反抗，而第一步就是要反抗自己的學校與所學。

## 要革命，不要改造

但反抗學校不啻以卵擊石，談何容易。當今的社會，反抗行為不但易於淪為形式，甚至成為穩定權力中心必要的方式之一。紀德堡認為，反抗活動難以成功是組織官僚的宿命，其原因可歸納如下：一，人類的自私本性使得反抗組織的領袖很容易將組織視為自己的私產，與加入社會權力中心的跳板；二，反對團體必須大才有力量，但是一旦團體大了，層層的行政工作便難免被官僚化而使意見不能再自由地表達、傳遞；三，消費社會裡的媒體將反抗「影像化」，造成反抗運動失去力道。例如刺青代表青少年的反抗，九一一代表回教世界的反抗……這些影像在電視上被播放出來，一來很難激起人們的感動與認同，二來媒體也透露了這樣的信息：已經有人做了，其他人也不必再多事了。因此，國際情境主義者認為，這個世界需要的已不僅是反抗、協商、改造，而是發動革命，徹底將消費社會中服務資本家的所有管道和商品銷毀、讓等待政府授予文憑的「官方承認」回歸於以民眾自決為基礎的「社會承認」。國際情境主義對文化研究不但提供了理論，更有著「行動面」的啟發，文化研究追求的正是這種實踐的精神。

**紀德堡**

法國文化批評家、導演、作家，以及國際情境主義的中心人物。《奇觀社會》為其代表作，書中對媒體霸權與消費慾望橫流的資本社會有精闢的批評。紀德堡認為，要改變社會情境所帶來的不自由，唯一的方法便是革命。

# 與國際情境主義有關的社會運動

## 中國的文化大革命

**時間**：1966年～1976年
**代表人物**：江青、張春橋、姚文元、王洪文所組成的四人幫
**運動訴求**：為加快社會主義建設速度，中共在各學校成立「紅衛兵」，推動「無產階級文化大革命」。
**影響**：中國大量歷史文物被破壞；「造反有理」的口號被世界各地學運採用，並促成了法國學運的興起。

## 法國五月革命

**時間**：1968年5月
**代表人物**：紀德堡
**運動訴求**：抗議被壓迫的學生生活，主張以革命的方式對抗資本主義。
**影響**：造成當時法國經濟癱瘓，但也激發了70年代歐洲一系列左翼思潮與運動。

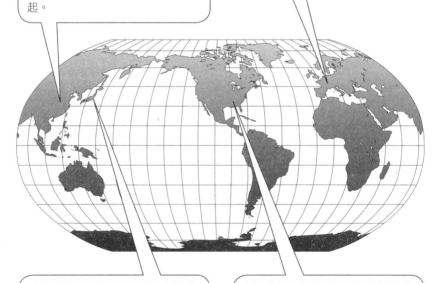

## 日本勞工運動、學生運動

**時間**：1970年代
**代表人物**：日本共產黨、日本共產主義青年同盟
**運動訴求**：學生占領學校，鼓吹反戰及提升婦女權利。
**影響**：左派在當時日本政壇達到其政治勢力的高峰。

## 美國女權運動、學生運動

**時間**：1960年代末到1970年代
**代表人物**：婦女團體與勞工團體
**運動訴求**：兩性平權、消除種族歧視。
**影響**：對社會運動的理論奠基有極大貢獻。

# 大文化的現在進行式：霍加爾和威廉斯

馬克思為工業革命後的勞工階級發聲，但之後的學者卻大多將焦點放在馬克思的經濟理論，因此以菁英領導大眾、階級劃分明顯的情形並沒有改變。直到英國的霍加爾和威廉斯力倡大眾文化的獨特性，菁英文化才真正受到挑戰。

## 勞工抬頭的社會背景

十八世紀工業革命後，西方人民的整體生活水準提升了，但貧富差距卻也漸漸拉大，新興的商人階級和勞工階級的生活相差何啻千里。到了二十世紀中葉，第二次世界大戰結束，西方國家的富強康樂達到前所未有的狀態，勞工階級的整體收入亦往上躍了一級。生活獲得改善的勞工階層，開始有能力將孩子送入高等學府接受教育，這在歐洲，尤其是英國等高等教育學費昂貴的國家，是史無前例的現象。

## 出身勞工家庭的霍加爾和威廉斯

出身於英格蘭北方工業城李茲的勞工家庭的霍加爾與威廉斯也不例外，他們到學校接受教育，進入知名的高等學府求學，並將己身的生活經驗，結合在劍橋、牛津等高等學府習得的知識，而提出有別於菁英階級出身學人的獨特觀點，他們的觀點也更深入大眾、更能牽引人心。此外，霍加爾與威廉斯更身體力行，一生致力於推廣教育、提倡大眾文化。

## 為勞工階級發聲的霍加爾

一九六四到一九七〇年，由霍加爾所領軍的伯明罕學派，特別關注在媒體發達的社會中勞工階級的生活方式。然而和強調理性客觀的西方學術傳統不同的是，霍加爾在其扛鼎之作《文化知識的用途：勞工階級生活面相》中所重視的，是還原與舉證主觀的「個人經驗」。也就是說，霍加爾以自己出身勞工家庭的生活背景，用自傳式的寫作方法，撰述、分析勞工的生活，因此霍加爾提供了在傳統的科學方法之外，另一種從自身經驗出發來解讀社會現象的分析方式。

在一九六〇年前後，英國勞工階級教育程度提升使得閱讀人口激增，且廣播電視與報章雜誌已普及化。此

### 威廉斯

是霍加爾的好友，也是霍爾的老師，為英國文化研究大師級的人物。一生致力於推廣教育、修補不同階級間對彼此文化解釋的鴻溝。著有《文化和社會，1780-1950》、《關鍵字》、《馬克思主義與文學》等名作。

# 勞工文化的提倡者：霍加爾與威廉斯

| | 霍加爾  | 威廉斯  |
|---|---|---|
| **出生與出身** | 1918年出生於北英格蘭工業城李茲的勞工階級家庭。 | 1921年出生於威爾斯，父親為鐵路工人。 |
| **社會背景** | 二戰後英國經濟起飛，勞工收入增加，因此有機會接受高等教育。英國傳統社會階層受到挑戰。 | |
| **重要觀點** | ●不拘泥於客觀的科學研究方法，而認為個人經驗對文化分析也有貢獻。<br>●主張大眾文化有其可取之處，與菁英文化沒有優劣之分。 | ●主張文化不斷地被形塑，人人可參與。<br>●提出「感覺結構」概念，即藉由真實的生活經驗來了解文化。 |
| **重要／特殊經歷** | 曾任教於成人教育機構，與勞工階級相當親近，並從中發展出成立文化研究中心的想法。 | 亦曾任教於成人教育中心，為英國二次大戰後新左派的代表人物。 |
| **對文化研究的影響與貢獻** | ●建立當代文化研究中心，奠立文化研究在學術界的地位。<br>●重視大眾文化，使大眾文化地位提升至與高尚文化同等。<br>●以自傳式分析為社會科學研究注入新意。 | ●為英國1970年代「新左派」文化研究奠定理論基礎。<br>●為英國文化研究定調，自此英國文化研究的理論與方法皆帶有濃厚的馬克思主義色彩。 |

時，媒體理應形成良性競爭，並且對大眾文化產生正向的影響；然而現實情況剛好相反，勞工與大眾文化中良質的一面，諸如勤奮、向上、刻苦、忍耐等特質，卻逐漸被某些商業導向媒體所宣傳的物質與享樂主義侵蝕，使得英國社會無論任何階級都毫無選擇地暴露在劣質的媒體娛樂中。

## 不同階層的文化應該相互尊重

雖然廉價媒體資訊及八卦雜誌可能造成社會價值的沉淪，成長在勞工家庭的霍加爾卻並不認為高等教育便等於智慧的啟發、提供高尚資訊的媒體必可促進精神層次的提升。霍加爾認為，以菁英階級的高尚文化帶領勞工或大眾文化的想法，是一種自大且傲慢的心態。這種觀點與阿多諾的「菁英帶領整體論」恰好形成強烈的對比。霍加爾認為，文化與良好的生活品質不一定要以社會金字塔頂端的人為標準，追求美好生活的方式有很多種，知識分子沒有必要將高尚文化和高等教育當做提升生活水準的唯一方式，不同階層的文化應該相互尊重包容。他的言論在當時社會階級分明的英國，無疑投下了一枚震撼彈。

## 知識 ≠ 智慧

當時的英國，許多勞工下班後，會到住家附近的推廣教育中心選修喜愛的課程，霍加爾長年在成人教育機構任教，見證了勞工對知識的渴望不亞於受過高等教育的白領階級，這種純樸的熱情打動了霍加爾，也是他矢志為媒體與大眾文化研究投注心力的動機之一。在推廣教育中心任教經過一段時間後，霍加爾的感想是，識字率雖然提升了，大眾卻只達到「識字」的程度，尚未養成獨立思考與批判能力。也就是說，「知識」並不一定等於「智慧」，一個有識字能力卻沒有判斷智慧的人，無論出身是高是低，最終只會淪為消費社會中被剝削的消費者，被媒體所傳播的訊息包圍而不知從何掙脫。

## 反對劍橋傳統的威廉斯

霍加爾以個人經驗出發，對當代文化的分析，與同樣致力於推廣教育的威廉斯可說是英雄所見略同。一九三九年威廉斯以優異的成績進入劍橋大學就讀，在劍橋傳統學風之下學習的威廉斯，對周遭的新環境充滿質疑，對各個階級之間的文化與觀念的分別極度敏銳。加入社會主義社團的他，認為劍橋許多傳統的觀念是不正確的。以文學為例，當時劍橋的學者大多認為文學具有超越時空的獨立性，不受政治、經濟等因素干擾，價值優於其他學科。深受馬克思主義影響的威廉斯卻認為，文學是由特定階級所形成的歷史產物，傳達的是統治階級的觀點與價值。

舉例來說，中國有唐詩、宋詞、元曲，但為何不是唐詞、宋曲、元詩？為何各朝代所盛行的文學形式不同？原因與當政者的文化政策不同有密切關係。某種歷史條件加上政治力的介入，某種文學形式便會盛行。又如在

# 霍加爾 vs. 阿多諾

中產階級與勞
工階級的差別
僅止於私有財
產的多寡！

霍加爾

屬於菁英階級
的知識分子必
須領導在文化
上劣勢的普羅
大眾。

阿多諾

| 伯明罕學派 | 學 派 | 法蘭克福學派 |
|---|---|---|
| 以大眾文化為主要研究範圍 | 立論重點 | 重視高尚文化與精緻藝術 |
| 勞動階級有自己的獨特品味，價值不低於高尚文化。 | 對大眾的態度 | 被壓迫階級不一定能自發性反思所接收的訊息，應由菁英領導批判文化工業。 |
| 大眾文化更貼近人們的日常生活，有其研究價值，文化的優劣不應以菁英階級的標準來評價。 | 對文化的態度 | 文化工業是一種文化的墮落。高尚文化如古典音樂、繪畫、雕塑…才是拯救文化向下沉淪的力量。 |

在文化研究上皆應用
並修正傳統的馬克思
主義

五〇年代的台灣盛行的便是符合反共政策、傳達反共思想的文學作品。因此，原本被認為是超越時空、具有中立文化價值、「神聖的」文學被威廉斯貶為「社會的文學」、「歷史的文學」或「階級的文學」；文學所表彰的，不再是普世的永恆價值，而是文學作品完成當時的社會脈絡、時空背景與意識型態。

## 以「感覺結構」詮釋文化

威廉斯提出新的文化定義，文化是人類「整體的生活方式」，是政治、經濟和各種環境因素融合在個體身上所形成的經驗；「生活方式」會隨著時代的更迭而有所變化，更隨著個體的差異而有所不同。舉例而言，台灣人整體呈現在外的生活方式很相似，但事實上，每一個個體在各種環境因素，如媒體、家庭、學校、社區等以及個人的心理因素，如個性、性別等等的交錯影響下，每一個台灣人的生活方式自然有所不同。威廉斯認為，這種在同一時空中，人人各異，但卻又呈現出一個整體的生活方式，即為「感覺結構」。因此，想了解某一種文化，就要深入體會該文化的感覺結構，如果由外部觀察，只能見到個別、零星的文化現象，而不能掌握到文化的脈動。

## 人人可參與的文化現在進行式

進一步地，威廉斯認為，文學作品中所顯現出來某個時期的「社會生活」或某種「感覺結構」，可說只是留下一個「形式」上的紀錄，其內容無法分析與歸類，若強加分析，結果必定是失真的。因為只有生活在那個時代的人，才能真正經歷那個時代的生活內容與文化，後人的「解釋」與當時的情況一定有所出入。他認為，「文化」是一個「活」的概念，當人們討論「文化」時，只能真正討論當下的文化，而當下所經驗的文化，卻是一個永遠的「現在進行式」，不斷地在前進與改變當中。文化的改變過程非常複雜，它包括了文化的「傳承」、「融合」、「演化」等等，還有個人與大環境的互動，不是任何一種方式的紀錄所能涵括的。

從紀錄的角度檢視，某些文化在形成的初期是沒有目的的，因此無法解釋也無跡可循，但一旦這些文化開始普及而被注意，最後被分類、定義後，這些定義或分類往往就不再是當初文化的原貌了。例如「青少年文化」可能被分類為「夜店」、「K書中心」、「西門町」，或是「制服」、「搖頭派對」、「刺青」。但是在硬性分類之下，整體生活方式變成片段、零星的文化現象，失去文化最重要的「眾人參與、共同創造」意義。

威廉斯提出「文化是現在進行式」的目的很簡單，他希望文化不帶有階級偏見，而以最真實的面貌呈現，使得每個人都可以參與創造屬於自己的個人文化和所處社會的大文化。這對當代文化研究破除菁英迷思的貢獻自不待言，他所主張的「文化研究是屬於大眾的、生活的」也成為英國文化研究的宗旨。

# 以「感覺結構」詮釋文化

想了解台灣目前的青少年文化

$\neq$

## 強加定義與歸類

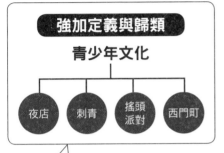

青少年文化

夜店　刺青　搖頭派對　西門町

硬性分類只能得到片段的現象，而無法掌握文化的全貌

個體經驗形成了「感覺結構」，亦即每個人都能參與代表了整體生活經驗的文化演進。

威廉斯

## 文化是整體性的

文　　化＝整體的生活方式
文化研究＝探討整體生活方式中各種要素間的關係

## 文化是活的

文化是在不同的歷史情境下發展、演進而成。台灣青少年文化歷經解嚴、解除髮禁、日韓文化輸入等影響而不斷變動。

## 掌握感覺結構

研究青少年文化，不僅必須掌握大環境的文化演進，還需了解每個青少年本身與大環境的互動關係與生活經驗。

# 恩茲伯格的媒體文化觀

> 當先進國家不斷地向天空發射通訊衛星，當地球已達通訊無死角時，「溝通」與「通訊」成了文明的指標。但在媒體通訊管道充斥下，人們卻成為了難以辨別訊息的次等文盲。

## 教育成為強迫性義務的原因

人類曾經是沒有文字的，而是靠「口語」將代代智慧傳承下去。文字的出現不過是六千年前的事，但文字出現後，人類文明便很快地發展了起來。原因之一是文字的記錄功能較口語更好，先人的智慧因而可以被比較完整地保存下來。

在封建時代，「文字」是階級的象徵，唯有貴族可以接受教育，一般人民並不識字。經過歷史的變遷，到了二十世紀，「識字」成為一國公民的基本能力，「文盲」則是一國文化水平的負指標，「教育」由貴族享有的特權轉變為一般人必須接受的強迫性義務。這些變化在許多學者看來，是人類文化的大進步，但德國文化評論家恩茲伯格卻有不一樣的看法。

恩茲伯格認為，教育之所以成為強迫性的義務，文盲之所以成為羞恥，最大的原因是資本主義市場需要一群識字的消費者。識字的消費者不必靠舊時的口耳相傳，只需要直接閱讀「廣告」即可從事消費活動。在生產過剩的資本市場中，資本家必須以廣告刺激消費需求才能獲取利潤；因此識字、讀懂廣告訊息、卻又不會分辨訊息真偽的消費者便是為資本家創造利潤的主力。恩茲伯格以這個例子證明他的論點：歐洲的平民教育達到巔峰的時代，也正是其對外殖民、生產出最多物美價廉商品的時代。

## 次等文盲

這群被迫受教育的消費者，恩茲伯格稱之為「次等文盲」。次等文盲最大的特徵是他們並不知道自己是文盲，並且認為自己能夠充分地接受訊息，能完全地知曉這個世界的所有知識。但事實上，他們的時間早已被消費活動所填塞。

「次等文盲」憑藉著識字力，接收任何好的、壞的、黑暗的、光明的、真實的、扭曲的各式訊息，來者不拒，也無從分辨訊息的精蕪。識字縱然能讓生活更便利、讓每一個「次等文盲」順利地進入這花花世界，與其他人打成一片；但是，「次等文盲」看見了所有來自媒體的文字，卻缺乏批判反思能力而看不見某些文字背後的目的，不過是讓他們腦袋裡裝滿慾望、從口袋裡掏出錢，成為頂尖的專業消費者。

# 資本主義社會中媒體造成次等文盲

我們要學習健康的飲食方式

### 接收媒體資訊
義務教育因市場需要而存在，具識字力的消費者可以充分了解廣告內容

我要買健康食品！

### 接受義務教育
培養公民讀書識字的能力

### 刺激消費
消費者無從選擇地接收了大量的消費訊息，而從事消費活動

造成

### 次等文盲

- 識字但是不具思辨能力，無法辨識所接收訊息的目的與好壞。
- 對自己能充分接受訊息的能力感到滿足，而不反省自己能否辨識訊息真偽。
- 接收的訊息大多與消費活動有關。

古代暴政以愚民政策為主；當代暴政則以提高識字率為首要任務。

恩茲伯格

## 零度媒體

電視的出現是在教育普及之後的事。和推行義務教育一樣，各國政府無不推行通訊科技，因此電視成為「生活水準」的代名詞，電視的普及率等同於一國的發展程度。守在電視機前的「次等文盲」族群範圍愈來愈廣，從大學教授到市井小民，眼前都是一樣的頻道。換言之，電視打破了所有的階級分野，讓所有人團結在螢光幕前觀賞大同小異的電視節目，也使得當紅的綜藝節目成了所有階級的共通語言，而讓電視的影響比平面媒體更為深廣。恩茲伯格稱之為「零度媒體」，意指電視像變形蟲一樣，可以適應所有社會階級與環境，並突破語言限制。

「零度媒體」所傳播的訊息，其特徵是「沒有內容」，看完了節目，觀眾得到了一堆事不關己的資訊。而節目製作人所關心的，也絕不會是節目的內容，但節目的行銷、包裝、廣告量、主持人的服裝化妝等則無一不被詳細考慮、再三琢磨，目的就是讓觀眾在毫無設防的情況下知悉最新的消費訊息。因此，恩茲伯格認為，改造由零度媒體與次等文盲所建構的消費世界，幫助人們了解媒體的本質與學會「過濾」所接收的訊息，是文化研究者的重點工作之一。

### 恩茲伯格

生於德國巴伐利亞，為當代德國最重要的詩人之一，亦是劇作家、文化評論家、翻譯家、編輯。曾獲許多大小文化或藝術獎項，在歐陸文化界的地位崇高。目前定居德國慕尼黑。

## 零度媒體成形的過程

### 電視媒體日益發達

通訊科技進步，電視愈來愈普及，因此收看電視成為現代人最主要的休閒活動。

電視真好看

### 以行銷為目的製作節目

節目內容充斥消費訊息，目的就是刺激觀眾的消費慾望。

電視有如變形蟲一般，可突破社會階級的區分，使媒體所傳播的訊息成為全民共同語言與記憶。

### 網羅所有階級

觀眾不分階級，全數被媒體視為潛在消費者。

### 零度媒體成形

電視像變形蟲一樣，突破所有社會階級的分野，鋪天蓋地而來包圍大眾。

# 紐約菁英文化的反省

> 紐約蘊育出了許多文化菁英，也形塑了美國在世人面前的形象。紐約的時尚、流行、藝術……攫住了全世界的目光，也為蘇珊桑塔格提供了發揮其批判才華的舞台。

## 媚俗的「品味」

戰後的美國成為世界第一強國，其東岸第一大城紐約，更取代了首府華盛頓而成為美國文化的代名詞。在紐約，文化工業是第一大工業，而在媒體的推波助瀾、第五大道數不盡的櫥窗展示下，紐約人的生活焦點似乎可以濃縮在一個字眼：「品味」之下。「品味」重視的其實是外在形式而非內容，因此在紐約，內容可說是失去意義，「形式美」獨占鰲頭。正是這崇拜形式的媚俗「品味」，讓紐約人最熟知的文化評論家蘇珊桑塔格有感而發，寫下了〈假仙筆記〉。在文中，蘇珊桑塔格將「假仙」定義為對不自然事物的愛好，對奇怪和誇張造作的事物特別欣賞。「假仙」強調風格而忽略內容，可以將無聊的事物搞得很嚴肅，並認為這是一種「品味」的表現，所以到最後，人們已經不知道什麼才是「嚴肅」了。例如，二〇〇四年底以三隻猩猩畫家的名義在英國開的主題為「犧牲的生命」畫展，去「賞畫」的人是真的欣賞那些畫作，還是想藉此顯示自己的獨特「品味」？而這些畫作，到底是藝術品還是垃圾？是無聊的還是嚴肅的？蘇珊桑塔格對此事件，恐怕會搖頭不止吧！

## 以嚴肅的態度看待文化現象

對蘇珊桑塔格而言，「嚴肅」一詞並非如法蘭克福學派一般用以區分高尚文化（如古典音樂或學院藝術）和大眾文化（如搖滾樂和街頭表演），相反地，對這兩類由人們刻意區分出來的文化類別，蘇珊桑塔格以「嚴肅」的態度去審視對待。因此，「嚴肅」是指以自身的生活背景與經驗對任何事物的內容加以認真檢視的態度，而非知識分子的唱高調或標榜品味的假仙。她認為，不蓄意提倡艱深難懂的論調，也不賣弄學術術語，而以符合

### 假仙

從紐約人身上，蘇珊桑塔格看到了無處不在的故作姿態、附庸風雅、見怪不怪的「假仙族」。蘇珊桑塔格於是將這種對「形式」的注重、對「誇張」的熱愛，及抹殺「嚴肅」的真正意涵所呈現的文化現象稱為「假仙」。

尋常生活經驗的方式解讀人們所生活的世界，才能顯現事物的真正意涵。以解讀流行音樂為例，蘇珊桑塔格認為音樂的好壞應以嚴肅的態度予以評判，而非一味地認為古典音樂較為高尚，流行音樂則比較鄙俗，否則便會過度簡化音樂的內涵而流於以外在形式為評價標準的「假仙」了。

**蘇珊桑塔格**

一九三三年出生於紐約。一九六四年以〈反對闡釋〉一文轟動紐約文壇。接著出版的〈假仙筆記〉、小說《火山情人》，以及在一九七六年罹癌後，寫出的《疾病的隱喻》奠定了桑塔格文化批評家的地位。

## 假仙：崇尚外在形式的品味

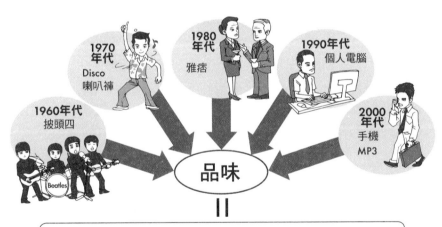

1970年代
Disco
喇叭褲

1980年代
雅痞

1990年代
個人電腦

1960年代
披頭四
Beatles

2000年代
手機
MP3

品味

＝

**假仙**
- 欣賞奇怪、誇張、造作的事物。
- 強調風格、形式而忽略內容。
- 以個人對物質形式的品味區分其文化程度和社會階級。

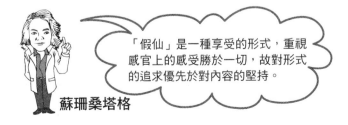

「假仙」是一種享受的形式，重視感官上的感受勝於一切，故對形式的追求優先於對內容的堅持。

蘇珊桑塔格

# Chapter 4
# 西方文化理論（二）：當代重要文化理論

　　經過兩次大戰洗禮，啟蒙時代以「理性」為首的價值觀逐漸動搖，加上伯明罕當代文化研究中心建立，因此七〇年代可說是文化理論百家爭鳴的時代。戰後西方思潮的特色之一，是眾多受到馬克思主義影響的理論促成了挑戰權威的社會風氣；而另一特色是許多「主義」紛起，從結構主義、後結構主義、女性主義、新歷史主義，到大家耳熟能詳的後現代主義……都引導著人們的價值觀與行為。在本篇，就讓我們一窺這些理論與「主義」如何解讀日常生活裡的諸多文化現象。

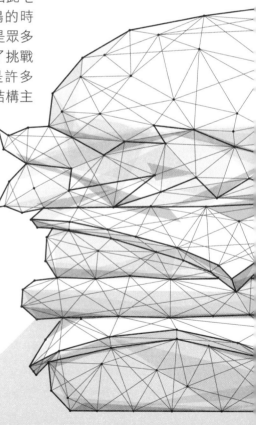

### 學習重點

● 結構主義的起源是什麼？

● 結構主義與後結構主義的關係

● 佛洛伊德與馬克思的影響

● 女性主義對性別研究的貢獻

● 歷史是客觀的嗎？

● 科技的進步在後現代主義裡扮演
　的角色？

# 符號構成世界：結構主義

一九二〇年代萌芽、一九七〇年代達全盛時期的「結構主義」，是除了馬克思主義外，對文化研究分析方法影響最深遠的理論。其獨特的說服力和深入現實生活的分析方式一改世人對學術研究的刻板印象。

## 結構主義與語言學密不可分

結構主義認為人類以自創的語言、文字、圖像等「符號」來表達所處社會裡的某些意義與價值，因為有一套眾所接受的公認符號系統，人們才能彼此溝通、理解對方的想法。而結構主義的興起可追溯三種語言學的研究方法，首先是索緒爾的語言學理論。十九世紀末，當大部分語言學家的研究著重在語言的起源時，索緒爾獨鍾於研究語言的功能。他提出語言系統是一種「差異系統」，以字詞間的差異與關係而產生語言的作用，有別於傳統語言學以一個文字符號對應一個意義的「一對一」架構。

結構主義的第二個起源是一九二〇年代俄國「形式主義」，如同字面上的意思，此派主張對文本做形式的研究，認為所有的文學分析都應做結構的分析。以語言學家波普的《民間故事形態學》為例，他蒐集了一百多個俄國童話故事，並從故事中歸納出三十一種在每個故事中依序出現、用以串聯一個完整故事的「詞彙功能」及七種典型人物的共同結構，發現每個故事都有英雄、反派、待拯救者等角色，且都有發生意外、第一次拯救、第二次拯救等情節，也就是說，童話故事的「內容」儘管多變，「結構」卻竟然大同小異。

第三個起源當推李維史陀對古希臘神話的研究。他主張「習俗系統」，即社會約定俗成的溝通方式決定了文本的意義，比如說，「輪迴」這個字在聖經裡不存在，因此沒有意義，但在佛經裡便意義深遠。以上三種原本應用在語言學的研究方法，數十年後，被法國學者應用在文化分析上，形成了「結構主義」。

## 從差異中辨識符號

對索緒爾而言，人為的語言（符號）「構成」我們所認識的世界，而非僅有「記錄」或「標示」的功能而已。符號的意義，只有在和其他符號的「差異」關係以及它所從屬的社會或語言環境（語境）之下，才能顯現出來。說明差異關係最簡單的例子就是「男人」和「女人」這兩組字，這兩個觀念少了任何一方，另一方必定會模糊不清，正因兩者所具有的差異，才能凸顯個別字詞的意義。而字詞所代表的意義，並非本來就存在於它所代表的物體裡，而是人們約定俗成的

# 結構主義的三個起源

## 索緒爾的語言學理論

語言（符號）構成人們所認知的世界，而不只是記錄或標示的媒介。

例如：要解讀「人」這個符號，必須分辨出該符號的意義與其他符號的差異。

人　　　非植物　　　非神

## 俄國的形式主義

文本內容的結構相同

研究文本的形式，重視結構大於內容。啟發結構主義分析符號所處結構的觀點。

灰姑娘

白雪公主

例如：白雪公主和灰姑娘故事皆有英雄與反派、被拯救者等角色；皆有第一次拯救失敗、第二次拯救成功的情節。

## 李維史陀的神話研究

強調語言符號所代表的意義是以約定俗成的社會系統為根據。

例如：卐在佛經裡是吉祥慈悲，引伸為引領眾生皈依之意；但在二次世界大戰的歐洲卻是納粹勢力的象徵。

在佛教文化裡代表慈悲

在德國的納粹黨裡代表反猶太與改造世界

## 結構主義

**代表人物**

**李維史陀**
（結構主義之父）

**羅蘭巴特**
（法國文學家）

**重要概念**

● 「結構」是許多互有關連且相對照的符號所組成的整體。

● 符號的定義並不是絕對的，處在不同文化情境的人，對同一個符號可能有相異的理解。

● 要了解某個符號的意義，必須辨認出它處於哪個結構、哪個位置，才能全盤掌握其含意。

結果，例如以「花」這個字（即符號）代表花的概念，而要定義「花」這個字的概念，必須將「花」放在語言的差異網絡裡，凸顯出這個字詞（符號）與其他不同字詞所代表的不同概念。因此，在有無數字詞代表著不同概念的網絡裡，要表達「花」的概念時，就必須先知道「花」和其他符號有何不同。而且當一個字詞（符號）同時代表多重意義時，還必須知道「花」這個字要放在什麼樣的情境下使用：究竟是植物的「花」，還是形容一個人專不專情的「花」，還是形容「眼花撩亂」的那個「花」呢？由此可知，符號的定義是並非「絕對」的，而是在與其他的符號發生關係時，才可以被完整了解。

## 「結構」賦予「符號」意義

結構主義能將語言學的分析方法應用在對文化的分析上，是因為人類所認識的世界就是由「符號」系統所構成的，包括文學作品、流行服飾、福特汽車、廣告美女……，這些符號都可以像語言一樣，在不同的情境下代表不同的意義。譬如，電影《上帝也瘋狂》中描述一支遊客所丟棄的可樂空瓶，被一個非洲土著在部落附近撿到了，土著如獲至寶，當做是從天上掉下來的禮物。這個例子裡的「可樂空瓶」在不同的文化下有了不同的意涵。又比如說，現在「內衣外穿」被視為流行，但在二十年前，「內衣外穿」代表的意義可能是「妓女」。諸如此類的例子不勝枚舉，卻都告訴我們，符號的意義是由所處的結構所賦予。因此，在解讀各種符號時不可忽略它所處的，可隨時空變換而有所不同的文化情境。

## 「作者已死」

結構主義分析文學作品的方法和傳統的文學分析有很大的不同。傳統的文學分析是「作者導向」，以「作者的思想」為探討重點；而結構主義分析則是「作品導向」，以追溯作品本身是在什麼樣的語境下被閱讀、理解為主要目的。因為結構主義認為，讀者是藉由「語言」而非「作者」來理解作品。結構主義大師羅蘭巴特便指出，讀者認識的是作品裡的文字，而非作者，即使作品以第一人稱的「我」寫成，那個「我」也並不代表作者，而是讀者在自己所認識的世界、所處的文化情境下「閱讀」出的「我」。作者的力量僅存於書寫的當下，也就是文字組成的瞬間，而無法左右文字被閱讀、理解的語境。故此，作者無法操控作品的意義，作品的意義存在於「讀者」的認知；「讀者」才是真正的作者，而「作者」對作品而言，在完成的時候就已經死亡了！因此，結構主義學者重視的是符號意義的分析與讀者藉由閱讀「再度創作」作品的意義，而非作者的寫作情境。

**羅蘭巴特**

法國當代最有影響力的符號學家、結構主義大師。其寫作方式充滿趣味,深入淺出,深受年輕人喜愛,也間接推動了後結構主義的興起。代表著作非常多,有《戀人絮語》、《神話學》、《流行體系》、《影像 / 文本 / 音樂》等名作。一九八〇年車禍去世。

## 語言符號 vs. 文化符號

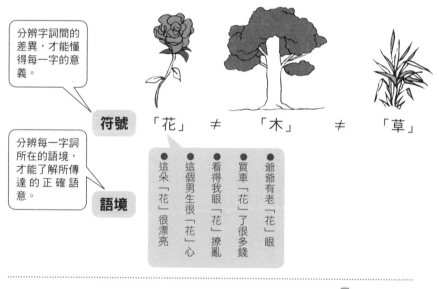

分辨字詞間的差異,才能懂得每一字的意義。

**符號**　「花」 ≠ 「木」 ≠ 「草」

分辨每一字詞所在的語境,才能了解所傳達的正確語意。

**語境**

- 爺爺有老「花」眼
- 買車「花」了很多錢
- 看得我眼「花」撩亂
- 這個男生很「花」心
- 這朵「花」很漂亮

---

**符號**

符號的意義在不同的文化情境可能有不同的意義解讀。

**CHANEL**

香奈兒是法國時尚與高尚品味的象徵,是擁有財力的人才能消費得起的奢侈品,因此許多人為了證明其身分地位而消費。

**可口可樂**

可口可樂公司成功地將商品行銷到全世界,可樂所代表的美國文化同時也順利地全球化,消費可口可樂等於擁有美式年輕、活力與進步等正面價值。

# 結構的「解構」：後結構主義

> 後結構主義對它的前輩結構主義而言，在哲學層次上同時扮演了批判與取代的角色。結構主義「語言的意義視語境而改變」的看法啟蒙了後結構主義的「去中心」觀點，並帶動了後現代主義思潮的發展。

## 解構「語言的焦慮」

一九六〇年代晚期後結構主義在法國興起的原因之一，簡單地說，是在結構主義提出對語言（符號）的反省後所產生的對「語言的焦慮」。由於結構主義認為語言並沒有固定的意義，端看說或聽的人處在什麼樣的語境下接受與理解語言的內容。正如羅蘭巴特這位橫跨結構主義與後結構主義的要角所說，作品的意義不在於作者的創作，而是在於讀者對作品意義的解讀。以上均說明了人和人以語言溝通時，不論說者或是聽者都無法完全掌控所能理解的內容，誤會因而經常產生。人類既然無法完全掌握語言系統，那麼又如何以語言本身來解釋語言系統呢？從對語言的焦慮與質疑出發，後結構主義便開始了它在文化領域裡的思想探險。

## 反噬結構主義

結構主義和後結構主義之間最主要的差異，可以從「思考的源起」和要的差異，可以從「思考的源起」和「對語言系統的態度」兩方面說起。從思考的源起方面看來，結構主義本質上仍承襲啟蒙運動以降，崇尚理性主義的科學精神，試圖藉由語言系統建構一套認識世界的方法，並相信善與惡、真與假、是與非的二元對立結構確實存在，只要運用理性對符號加以分析，就可以從表相還原「真相」。後結構主義卻不這麼想，它質疑結構主義以二元對立的概念認識世界的正確性，但與其說後結構主義對結構主義有「敵意」，不如說它對任何知識系統都秉持懷疑態度，甚至對自身也抱持著同樣的懷疑。

在對語言系統的態度上，結構主義非常信賴語言，相信我們的世界是由語言（符號）系統所建立，人們正是透過語言（符號）認識世界。這種觀點似乎將世界上所有的東西當做符號，且都能包含在語言系統裡。後結構主義緊抓結構主義「以語言解釋語言」的矛盾，反詰了結構主義對符號的樂觀態度。

# 西方思想從「中心」到「去中心」的過程

## 西方思想

哲學 — 符合
科學 — 符合
歷史 — 符合
文學 — 符合
宗教 — 符合

### 中心

有一個放諸四海皆準的真理存在，
人可以藉由理性分析來追求真理。

↓ 經歷

### 兩次世界大戰爆發

戰亂使得人們生活不再安定，進而對中心信仰普遍失去信心。

### 相對論提出

愛因斯坦懷疑傳統牛頓的「絕對時空」概念，主張「人們對時間與空間的測量會隨著運動狀態而改變」，使世人開始質疑所處時空的絕對性。

### 各地革命紛起

法國的「五月革命」、中國的「文化大革命」中都提出批判權威的訴求，使人們思考「絕對的權威」是否存在。

↓ 促成

### 去中心

### 上帝已死

不再有衡量萬物的客觀標準。

### 真相＝假象

「真相」是由語言、符號所構成，會隨著闡釋角度的不同而變動，因此只是一種不確定的「假象」。

### 符號的多重意義

符號不代表固定的意義，要看其所處的語境而定。

### 批判絕對真理

以批判與解構的方法揭開真理中所隱藏的矛盾及無意義之處。

## 「去中心」觀點❶：真相不只一個

相對於結構主義，後結構主義不完全相信語言或符號的力量。基本上，後結構主義不認為在種種符號的背後有一個「真相」存在。因為倘若語言的意義是變動的，而且使用語言時也無法掌握溝通所傳達的意義和正確性，那麼，藉由語言所還原或解釋的真相也就一定是變動的。然而，「真相」不是應該只有一個嗎？怎會變動呢？既然真相是變動的，世界上也就不該有藉以衡量任何事物的「固定標準」或「中心思想」，這便是後結構主義「去中心」的觀點之一，正如尼采所說的：「沒有事實，只有解釋。」

## 「去中心」觀點❷：上帝已死

「去中心」的觀點之二是，若真有一個衡量萬物的標準，那我們要拿什麼標準去衡量這個「標準」呢？如此看來，似乎總是有一個標準是既可衡量萬物，但自己又可以不被衡量。以西方基督教思想為例，「上帝」是萬物的標準，因為上帝審判世人，人們不可為非做歹，否則就要接受上帝的懲罰。但反過來說，「上帝」是衡量萬物的中心，上帝本身卻又可以不受祂所訂定的規範約束。在聖經裡描繪的上帝是慈愛的，但有時卻又嚴酷地懲罰人、讓人受地獄之苦。因此，做為一個「標準」的象徵，上帝既存在於依據祂的標準所建構的世界裡，又置身於這個世界的標準之外，這在邏輯上是矛盾的。因此，尼采說：「上帝已死！」後結構主義「去中心」的觀點對西方文明的主流思想——啟蒙理性與基督教價值觀帶來非常大的衝擊，成為當代最受囑目的思想革命。

---

**尼采**

近代德國最重要的存在主義哲學家。其思想挑戰基督教傳統，認為生命的焦點在感官存在的世界，而非神、天堂、魔鬼等。著有《查拉圖斯特拉如是說》、《悲劇的誕生》等書，對當代文學、哲學、藝術、心理學、社會學影響至鉅。

# 結構主義 vs. 後結構主義

| 結構主義 | | 後結構主義 |
|---|---|---|
| 西方科學理性帶動「語言的科學」即利用科學方法來分析文化現象的符號學興起，結構主義也應運而生。 | 興起背景 | 對語言的意義發出質疑，批評結構主義的論點中存在「人能理解語言」的矛盾。 |
| 60年代末期～70年代 | 興盛年代 | 80年代迄今 |
| ● 認為語言與符號背後必定有某個真相或意義。<br>● 主張語言與符號是可理解、分析的。 | 主要觀點 | ● 真相會隨語言而變動，因此是不存在的。<br>● 認為語言與符號間存在著「言外之意」的情形，不相信人們能憑語言理解語言的意義。 |
| ● 索緒爾：《普通語言學教程》<br>● 李維史陀：《野性的思維》 | 代表人物及著作 | ● 尼采：《查拉圖斯特拉如是說》<br>● 德希達：《寫作與差異》 |

> 意義是被語言所創造的。

索緒爾

> 上帝已死。沒有事實，只有解釋。

尼采

## 解構：應用後結構主義

後結構主義的分析方法即是對結構的「解構」。德希達一九六六年的一場演講〈人類科學論述中的結構、符號和戲耍〉，正式宣告了「解構」時代的來臨。「解構」是後結構主義從事文化研究時最主要的分析方法，也就是解開文本表面的結構，以探究為何會如此形成的深層原因，以及其中所潛藏的互相矛盾的意義。

以閱讀為例，在文學、報導、傳單，乃至電視節目等看似完整的文本，其中所隱藏的意義是不完全、不連貫，或不完整。在語言系統裡不論是字詞、句子、一整篇文章等所揭示的意義，雖是多重的，但除了約定俗成的語言定義之外，卻無法從文本中看出來其他可能隱含的意義。因此，一個文本在呈現與傳達上必然是有缺陷的。

由於語言本身有這樣的特點——語言的意義無法通過語言變得完整，卻也「無法超越語言本身」，因此單一文本必然不足以說明其意義。所以，後結構主義推動了「解構」，即以許多文本相互對照分析的閱讀政策。後結構主義認為，雖然沒有任何意義存在於文本之外，但文本內的意義卻因為其必然的缺陷而有可能無限延伸。

**德希達**

法國哲學家，其一九六六年在美國約翰霍普金斯大學的演講，奠定了「解構」做為文本的分析方式，反對他人將任何文本（包括他自己的著述）定義或分類。「解構」分析在美國本土幾乎已成為「文本分析」的同義詞，二十年來深刻影響了美國學術界的文本閱讀方式。

# 後結構主義的分析方法

以《愛麗絲夢遊仙境》為例

作者是英國 19 世紀作家路易斯卡洛爾

**故事概要：**一個小女孩愛麗絲坐在河邊聽姊姊講故事，正覺得無聊時，忽然看見一隻帶著懷錶的兔子鑽進一個大洞裡。愛麗絲忍不住好奇跟著跳進去。沒想到經歷身體忽大忽小、參加瘋狂茶會等不可思議的事，最後跟紅心皇后玩槌球時不肯作弊而被押上法庭審判，皇后下令要砍她的頭時，愛麗絲驚醒了過來，這才發現原來是個夢。

文本中的語言具有多重意義，
文本因不同解讀而產生諸多意義。

這是一本啟發創造力的兒童讀物。

本書諷喻了當時英國社會刻板與腐敗的舊習。

文本只呈現，而不解釋意義。

要說的全在這本書裡了

單一文本無法充分展現完整的意義。

≠ 文本的完全意義

## 以解構的方式進行分析

方法1：依據文本解讀，意義均在文本中，但可能無限延伸。

愛麗絲敢於挑戰權威

砍下她的頭！

愛麗絲不了解成人世界的規則

愛麗絲喜愛幻想

方法2：參照不同文本，相互比對，找出文本中隱藏的意義。

愛麗絲夢遊仙境 ＋ 綠野仙蹤 魯濱遜漂流記 格列佛遊記

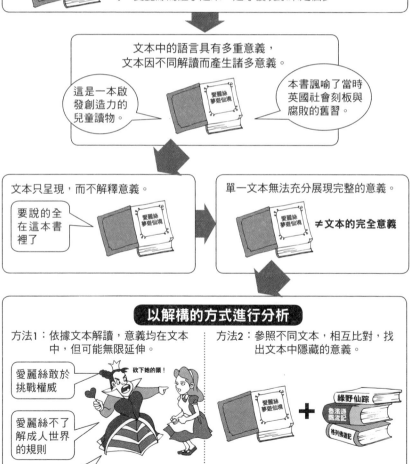

# 精神分析與語言學的親密關係

> 精神分析理論到了拉崗時，成為結構主義及後結構主義的親密戰友。拉崗成功地將佛洛伊德的精神分析改造為文化領域的精神分析，其精闢的見解為結構主義、後現代主義等文化研究學派提供了更有力的心理學背景。

## 潛意識與語言的關係

佛洛伊德是精神分析學派的創始者，當時，精神分析主要研究的是人格和潛意識問題，文化現象並不是研究重點。但拉崗強化了潛意識和語言之間的關係，精神分析學派開始和結構主義產生關聯，並正式與文化研究結合。

拉崗認為，精神分析最主要的依據便是醫師和病患之間的談話紀錄分析。若依照佛洛伊德所說的，人們可以從這些談話紀錄（包括夢境的紀錄）中窺見潛意識，那麼，潛意識的結構和談話紀錄的「語言的結構」，應是可以相互呼應的。從這個角度看來，「精神分析」可說是一種「語言學」，因為「語言」正是精神分析的中心。

舉例來說，佛洛伊德以為，當人的自我與現實狀況發生衝突時，夢境常出現「濃縮」和「置換」的現象，例如一個人夢見自己不斷地偷竊與破壞法國生產的雷諾汽車，那麼他在現實生活中，可能很討厭某個法國人。因此，這種「討厭」的感覺，在夢裡被「濃縮」表現為偷竊與破壞雷諾汽車，而「法國人」則被「置換」為雷諾汽車。而拉崗則認為，「濃縮」與「置換」分別與語言學上的「隱喻」及「轉喻」恰好平行。隱喻是在文學或藝術中的一種表達方法，是不明說所指的對象，而以影射、類比的方式傳達出來，就像在電影裡以「月圓」隱喻人間的團圓；而將所指對象變形比喻的做法，則是「轉喻」，例如以「狐狸精」轉喻愛情關係裡的第三者。

## 真的我在潛意識裡

一九五五年維也納的學術研討會上，拉崗提出精神分析必須將重點放回「潛意識」，因為潛意識不僅是佛洛伊德所說的「日常生活的決定性因素」，更是構成我們存在的核心。這

### 「濃縮」和「置換」

「濃縮」是指在潛意識或夢境裡，將很多對現實事物的感受或其特徵濃縮成一個象徵符號或動作。「置換」則是將現實事物的部分特徵顯示在夢境裡。

# 夢境的解析與語言學的關係

## 意識

可以覺察到的心理，也就是人們由記憶、思考與感覺理解到的心理狀態。

例如：黑人小女孩因為種族隔離政策只能在社區的黑人小學就讀，覺得自己很快樂。

**壓抑**

## 潛意識

潛藏在意識之下的心理經驗，是一種被意識壓抑的慾望和衝動。

例如：黑人小女孩一直生病，課業表現很差。因此在潛意識裡，她可能因種族隔離被白人排斥在外而不快樂。

**表現**

## 夢境

潛意識以「濃縮」、「置換」的方式表現出來。

例如：黑人小女孩在潛意識裡討厭白人，因此經常夢見自己在撕碎白紙。

### 置換

將現實人事物的特徵「置換」為夢境中的事物，如白人「置換」為白紙。

> 相當於語言學中的「隱喻」

### 濃縮

將對現實事物的感受或特徵「濃縮」為一個象徵符號或動作，如將討厭的感覺「濃縮」為撕碎。

> 相當於語言學中的「轉喻」

和西方哲學裡，將存在重心放在「意識層面」，也就是迪卡兒主張的「我思，故我在」大異其趣。拉岡將潛意識提高到比意識更重要的位置，認為「『我』在我『想不到』的那個地方」，即潛意識裡的「我」才是真正的「我」。但真正的「我」既然在潛意識裡，也就是我意識不到的地方，那我所意識到的「我」便不是真正的我囉？根據拉岡「潛意識對應著語言的結構」的觀點，我們平常所意識到的「我」並不是「存在的實體」，而是「語言的結果」。比如說，你的名字叫做「王小慧」，若將這個名字拿掉，使你成為一個沒有名字的人，你要如何向他人介紹自己？想必就難了。從另一個角度看，反而是「語言」的存在先於「我」的存在，在潛意識中真正的我還未被認識前，「王小慧」這三個字早在命名之前就存在了。因此，真正存在的是「語言」，而非「意識我」。拉岡的這個觀點和後結構主義中的「去中心」概念，即人們永遠無法以語言完整地認識自己與世界的觀點，可說是不謀而合。

## 與佛洛伊德分道揚鑣

那麼，同樣重視「潛意識」的佛洛伊德與拉岡，從理論的應用來看，究竟有什麼不同呢？關鍵在於，拉岡認為潛意識的結構與語言結構有著隱喻或轉喻的呼應關係，因而將語言學當做分析工具；佛洛伊德則認為，潛意識的結構方式主要根據於本能中的

性驅力。以分析童話故事「白雪公主」為例，佛洛伊德會以其獨特的「性心理學」，從故事中人物的言行舉止與互動中，解讀角色與作者的潛意識。相對於佛洛伊德從文本中以「性心理學」探求潛意識，拉岡並不認為精神分析可以從文本中確認在潛意識裡某些事物所代表的真正意義，至多只能找出某些「隱喻」或「轉喻」，因此文本分析在此便回歸到了「語言學」的分析，即以結構主義的方法找出不同符號在不同語境裡的解釋。

在「白雪公主」故事裡，佛洛伊德式的分析是七個小矮人都是「男」的，而且必須是「小矮人」，他們之所以接受白雪公主，原因是對年長女性有性慾望的「戀母情結」。拉岡式的分析重點則不在角色或作者的潛意識，而是在潛意識結構與語言結構一致的部分。因此，不像佛洛伊德將「白雪公主」當做年輕男性潛意識裡所慾望的「年長女性」，而是和結構主義以及後結構主義的方式一樣，將「白雪公主」單純地視為一個具有完整結構的「文本」，加以解讀。讀者無法從文本的有限文字中了解白雪公主是誰，但可以知道「白雪公主」這個符號是轉喻一件「美好」的事物，而「美好」在每個人的潛意識中則各有不同的形象，不一定是年長女性，而可能是任何人事物。

正如語言結構裡一個符號所代表的意義是多重的，我們可能無法確定哪一個才是正解，但卻可以利用「轉

喻」的分析，知道某個符號在某個語境裡所扮演的角色是好或壞、成功或失敗等等。故此，拉崗的精神分析雖源自佛洛伊德，但是卻在與結構主義、後結構主義與語言學結合後，自成一格，與老祖宗分道揚鑣了。

# 精神分析學派的演進流程（從佛洛伊德到拉崗）

## 精神分析學派創立

20世紀初期，佛洛伊德主張人類的行為與其潛意識中的心理狀態有關，而潛意識的想法可以經由夢的解析與日常言行的分析窺得一二。

## 被運用在文化研究

可以將文本中幾個主要角色的行為舉止以性心理學加以解讀，並且分析作者的心理。

## 加入語言學的理論

20世紀中期，拉崗認為精神分析基本上以文本即分析對象的談話內容、行為等符號為其分析依據，因此與語言學可以互相對照。

## 拉崗另闢蹊徑

潛意識結構與語言結構的一致性引起了拉崗的注意，因此將精神分析與結構主義結合。此種語言學式分析有助於解釋許多社會與文化現象。

## 精神分析學派分路

佛洛伊德的分析終究回歸到性心理學；拉崗則著重在文本符號的分析，並以「隱喻」、「轉喻」解釋部分的潛意識活動。

# 改變的力量：新左派

二次大戰以後，國際局勢進入美蘇兩大集團對抗的冷戰時期，此時結合馬克思主義與精神分析的「新左派」，在西方世界再掀一股馬克思狂潮。有別於從事理論建構的法蘭克福學派，「新左派」重視實踐層面，更是幾次重大學潮的引信之一。他們要的，是真正的改變。

## 西方馬克思主義

馬克思提出《資本論》與《共產黨宣言》時，正是十九世紀中葉，工業革命成果幾達巔峰的時刻，當時的資本主義與社會狀況，與二十世紀甚或現今的制度自然有所出入。比方說，當時英國的勞工階級生活中最大的問題是吃不飽穿不暖，沒有固定的居所，大部分人必須租屋而居；但現在，英國勞工階級也擁有房屋、轎車，無論物質生活與教育程度，都達到幾個世紀以來最好的水準。因此，若以傳統的馬克思主義分析當前的社會狀況，恐怕會有許多的誤差。事實上，在貧困幾已消除的西方社會，由跨國資本主義所帶來的新挑戰卻方興未艾，看似自由富裕的消費社會裡，並非不再有剝削，而是轉變為「自由貿易」、「市場開放」與「跨國企業」等比較隱微的形式影響人們的生活。有鑑於傳統馬克思主義偏重以經濟與政治觀點看社會現象，卻無法以哲學、社會學或心理學的角度解釋個體在社會變動中相對應的心理轉折；因此，歐洲的馬克思主義者紛紛起而修正傳統馬克思主義，將其與其他有助於分析社會文化議題的學科或研究方法，如「精神分析」結合起來，如此，便成就了今日「西方馬克思主義」與「新左派」的理論基礎。

## 修正馬克思的觀點

英國，做為歐洲學術體制與社會制度的指標國家，再一次開啟了「新左派」的誕生。一九六〇年，英國歷史學家湯普森在被逐出英國共產黨後，創辦了期刊《新左派批評》，將修正後的馬克思主義如法蘭克福學派的學說，介紹給普羅大眾。《新左派批評》對傳統馬克思主義的態度，與西方馬克思主義的理念不謀而合，他們認為當代馬克思主義者思考世界的方式不應受到傳統馬克思主義的《共產黨宣言》與《資本論》教條影響，比如在「經濟決定論」的觀點上，馬克思忽略了「文化」的因素，因而無法廣泛應用在文化分析上。例如對勞工階級的分析，傳統馬克思主義者很容易將工人「浪漫化」、「英雄化」為無產階級的代表與革命先鋒，事實上，現今工人階級的社經地位與處境和馬克思所處的時代已經不一樣了。因此，新左派可說是西方馬克思主義理論在行動上的代表，它將自己的理念透過期刊

是除了霍加爾、威廉斯以外,最有影響力的英國歷史學家,以《英國勞工階級的形成》一書奠定其學術地位,為五〇年代「新左派」勢力崛起時的關鍵人物。湯普森曾是共產黨員,對共黨組織與理念有詳細的了解,正因如此,才認為共產黨必須回應時代的變化,進行相對應的改革。

# 馬克思主義的歷史發展

| 時間 | 19世紀中 ➡ | 20世紀中 ➡ | 20世紀 60年代 |
|---|---|---|---|
| 國家 | 英國、德國 | 德國 | 英國 |
| 歷史背景 | 工業革命發生,資本家與勞工處於不平等地位。 | 大量生產與媒體發達使得高級文化與大眾文化界線逐漸混淆。 | 資本主義擴張,帶動消費社會的來臨以及貧富差距的擴大。 |
| 重要發展 | 《資本論》、《共產黨宣言》出版 | 法蘭克福學派創立 | 新左派崛起 |
| 代表人物 | 馬克思、恩格斯 | 霍克海默、阿多諾、哈伯馬斯 | 湯普森 |
| 影響 | 開創唯物史觀、異化、階級鬥爭等社會主義觀點。 | 修正馬克思主義,加入文化工業與媒體霸權等概念,研究主題擴充到意識型態與文化層面。 | 將文化、心理等分析角度融入馬克思以經濟為主的歷史觀,使得修正後的馬克思主義更貼近現代人的生活。 |

宣傳與社會運動告訴大眾：讓我們為平等、沒有剝削的世界一起努力！

## 法國五月革命

相較於英國對社會運動較偏重理論的支援，法國人就激動多了。在紀德堡於一九六六年發表了批判社會現況與學生處境的文章〈可憐的學生生活〉之後兩年，一九六八年五月，被稱為「新左派」的法國左翼激進學生，以抗議政府逮捕反越戰學生為名，在巴黎索邦大學開始一系列的抗議活動。學生的抗議行動即刻延燒到法國許多省分，並引爆了工人運動。不僅工人罷工占領工廠、學生占領學校，連醫生也占領了健康保險系統，許多政府機關的辦事員也群起抗爭。他們抗議政府日益官僚化、控制法國的文化與科技發展，並結合「國際情境主義」的理念，對政府以消費與媒體控制人民自由生活大表不滿。他們甚至要求總統戴高樂下台、推翻現有行政體系、提高工資、重視學生權利、掃除資本主義社會積弊等全面的社會改革。「五月革命」從校園擴大到社會，是法國繼一七八九年法國大革命後最嚴重的一次群眾運動。

在沸沸揚揚抗爭了一個月後，戴高樂政府看準除了學生之外，大部分人民的心態是害怕生活秩序被改變以及共產黨藉機掌權，於是對抗議群眾開始進行分化與談判，大約一週後，「五月革命」便宣告結束了。此次革命是失敗或是成功眾說紛紜，但不可否認的是，在一個資本主義極度發達、沒有絕對貧窮的國家，以人民對抗執政者的「革命」還是有可能發生的。

## 誰來革命？

青年知識分子在新左派中的關鍵力量經由「五月革命」徹底被展現了出來。德國左派社會學家馬庫色甚至認為，青年知識分子在當代資本主義社會運動裡的地位，已經取代了傳統資本主義社會裡的工人階級了。此外，新左派和傳統馬克思主義的共產黨的不同在於組織力較為薄弱。因為反對官僚層級組織，新左派也不容許官僚行政制度在組織裡出現。這造成了「五月革命」看似全法國團結一致，但事實上卻各自為政，是由無數場「游擊戰」集合而成，也因此，在五月革命結束後，全世界新左派的勢力不但未凝聚，反而隨之消減。參與者或轉往學術界發展，或與社會運動結合，繼續追求馬克思的階級平等理念。

**馬庫色**
德國社會學家。在納粹的迫害下移居美國。他結合精神分析和馬克思主義對資本社會進行批判以及支持六〇年代學生運動，在美國學術界的地位甚高。著有《單向度的人》、《愛欲與文明》等書。

# 共產黨 vs. 新左派

## 共產黨

## 新左派

### 傳統馬克思主義

- 批判資產階級與無產階級貧富不均的社會現象。
- 階級鬥爭是歷史前進的動力；資本主義發展到最後會發生無產階級革命。
- 由無產階級領導革命，因此官僚組織運作無法避免。

**理論依據**

### 西方馬克思主義

- 西方社會普遍富裕化，剝削已由經濟的不平等轉型為意識型態的傳遞。
- 社會關係的分析不能僅以生產關係解釋，應加入文化、教育與心理等因素。
- 反對官僚體系，認為青年知識分子領導革命的潛質更大。

| | | |
|---|---|---|
| 行政官僚組織 | 組織 | 無政府 |
| 工人 | 革命主體 | 青年知識分子 |
| 政治人物<br>例如：蘇共、中共 | 代表人物 | 詩人、學者<br>例如：歐美社會主義者 |

> 無產階級是階級革命的領導中心！

**馬克思**

> 青年學子的革命動力與思想的可塑性更大！

**馬庫色**

# 女人，妳不再是弱者！

聖經的故事告訴我們，女人不但是男人的肋骨做成的，還是慫恿男人吃下禁果的罪人。「女人」在傳統上總是被視為被動與負面的角色，在傳統觀念逐漸被顛覆的今日，女性主義的平反到底會不會成功？

## 生理性別 vs. 社會性別

「女性主義」由於不同時代、地域、文化、情境與社會變遷而產生不同的流派，包括自由主義女性主義、精神分析女性主義，以及社會主義的女性主義等等，但總體而言，女性主義是一套以女性為主體的思想與價值系統，目的是改變女性的弱勢地位，達到兩性平權的社會。

討論女性主義最重要的前提，是分辨「生理性別」與「社會性別」。生理性別指的是依生理構造與性徵的差異而分類的「男人」與「女人」；而社會性別則是基於生理差異而衍生的概念，也就是社會制度、文化所建構兩性所應遵循的行為準則；生理性別的「男人」應該有「男性特質」（勇敢、理性、負擔家計）、「女人」要有「女性特質」（溫柔、感性、擔任照顧者）才符合社會期待。舉例而言，

有些人生理特徵是「女人」，但其個性與行為卻被認為沒有「女人味」而被嘲笑是「男人婆」；較溫柔的男人則被譏為「娘娘腔」。「男人婆」與「娘娘腔」這兩個負面的字眼，暗示的是女性應該陰柔、男性應該陽剛的「父權」價值觀。「父權體制」是一套兩性基於生理的差異而應遵循的言行舉止以及角色分工規範，例如社會角色的界定（男主外，女主內）、社會資源的不均（男尊女卑）、家務工作的分配（男性是一家之主、女性負責家務、照顧）等觀念。這類以男性為主、女性為從的性別概念使女性的社會經濟處境較為弱勢，而女性主義要批判的正是父權體制所造成的性別不平等現象。

## 女性主義的觀點

女性主義者批判社會上原本習以

### 女性是「在家庭裡的無產階級」

早在一八四八年的《共產黨宣言》裡，馬克思就指出資本主義社會裡性別分工與經濟地位的不平等。他形容女性是「在家庭裡的無產階級」，在家庭內提供私人的服務，但卻無法從中賺取分文；若跨出家庭工作，又無法完全兼顧家務，並可能因此被社會譴責，使得女性處在「蠟燭兩頭燒」的困境中。馬克思的見解的確超前了十九世紀中葉的社會價值觀。

# 女性主義對父權體制的批判

## 父權體制

| 生理性別 | | 男性 | 女性 |
|---|---|---|---|
| 依性徵區別 | | 有男性生殖器官 | 有女性生殖器官 |

應符合　具有　不具有　具有

| 社會性別 | 男性特質 | 女性特質 |
|---|---|---|
| 文化定義的行為準則 | 獨立、堅強勇敢、理性、積極進取、有領導能力 | 依賴、情緒性、溫柔、被動、順從 |

塑造性別角色

**社會標準所認定的「男性」**
● 是社會中的第一性、主體
● 位於公領域的家計提供者
● 重視專業能力

不可越界

**社會標準所認定的「女性」**
● 是社會中的第二性、他者
● 位於私領域的照顧者
● 重視外貌

反省及批判

## 女性主義

| 主張❶ | 主張❷ | 主張❸ |
|---|---|---|
| **性別是社會建構而成** | **批判媒體中的女性形象** | **以女性觀點重寫歷史** |
| 男性不是天生勇敢，女人不是天生柔弱，社會性別的差異是透過後天教育而成。 | 點出媒體所呈現的性別刻板印象，將男女二分為不同的性格、態度和角色。 | 重新審視歷史中男性的觀點，不再視其為真理或唯一標準，並鼓勵女性書寫自己的生命經驗。 |

為常的性別概念，目的是終止性別不平等對女性的剝削，因此相較於其他「主義」，女性主義似乎更具「實踐力」。例如十九世紀時提倡女性也要有投票權，二十世紀初期推動教育權等，種種努力確實促成女性地位的改變；而當前的女性主義者探討的重要議題是社會制度、法律所造成的性別歧視，例如工資的不平等、教育體系的價值誤導等都是關注的議題。

另外一個重點在批判媒體傳遞的性別價值觀。由於媒體所呈現的男性與女性樣貌總是刻板、僵化的，男性是領導者，而女性則是扮演等待幫助的弱者，或是凸顯外貌對女性的重要，因而形塑出男性與女性角色的社會標準。女性主義者批判媒體的扭曲刻板印象，希望能破除父權文化的偏見，讓男女都能不囿於性別，展現多元的面貌而不受歧視與壓抑。

## 女性主義掌門人：西蒙波娃

時至二十世紀中葉，許多西方女性已有機會接受高等教育，也因此啟動了一系列較具規模的女權運動。法國著名的哲學家西蒙波娃在其著作《第二性》中說：「一個人不是生而為女人，而是『成為』女人。」此話點出了性別不平等並非天生如此，而是社會建構而成，這給與了西方女性知識分子極大的鼓舞。《第二性》的內容涵蓋哲學、歷史、文學、生物學、神話和風俗文化，縱論從原始社會到現代社會的歷史演變中女性的處境，被視為是女性主義的經典之作，而書中所觸及的議題，也為後來各派女性主義理論發展提供了相當有力的思考基點。西蒙波娃將女權運動擴展到了學術層次，挑戰以男性為主的學術殿堂，也因此成為了女性主義批評的濫觴。

## 從女性研究到性別研究

一九六〇後，有關女性主義的研究如雨後春筍般在歐美各大學校園興起，設立了「女性研究」學科。當時的女性研究，著重在批判父權體制運作所形成的性別歧視，研究目的在於抨擊以男性為主的世界觀。但到了一九八〇年後，女性研究擺脫舊有的價值，回歸到女性本身，主軸轉向以女性觀點重寫女人的歷史，找回女性的實際經驗。九〇年後，研究主題更延伸至男性在父權體制中的經驗，由於男人同樣會受到性別價值觀的規範與壓抑，無法發展出異於傳統男性特質的特殊個性，至此，性別研究融合了女人可以堅強的「女性研究」，與男人可以溫柔的「男性研究」，終極目標是突破父權的桎梏，兩性共同受益。

---

**西蒙波娃**

法國女性主義哲學家，被尊為「女性主義之母」，對婦運影響極大。她也是一位成功的小說家，曾以小說《滿德林》獲象徵法國文學最高榮譽的鞏古爾文學獎。西蒙波娃與存在主義代表人物沙特維持獨特的伴侶關係，也為世人所樂道。

# 女性主義的歷史演進

| | 時間 | 國家 | 代表人物及著作 | 發展狀況 |
|---|---|---|---|---|
| **第一波**<br>女性主義 | 18世紀至20世紀前半葉 | 英國 | ●瑪麗華斯東夫特：《女權辯》<br>●吳爾芙：《自己的房間》 | ●女性應該爭取選舉權、教育權、工作權、財產權等基本權利。<br>●許多女性作家出版小說，獲得相當的重視。<br>●法國女性在服裝上的改變，以寬大褲裝的打扮為傳統女性形象注入革命性的新意。 |
| **第二波**<br>女性主義 | 20世紀60年代 | 歐美國家 | ●西蒙波娃：《第二性》<br>●貝蒂傅瑞丹：《女性迷思》<br>●費爾史東：《性的辯證》 | ●批判父權體制對女性在社會地位、角色分工、與性的壓迫。<br>●多派並出，自由主義、馬克斯主義、社會主義及基進女性主義等派別，各有批判的著力點。<br>●參與美國本土的「性解放」運動。 |
| **第三波**<br>女性主義 | 20世紀90年代 | 美國 | ●貝兒胡克斯：《選擇邊緣做為基進開放的空間》<br>●史碧娃克：《翻譯的政治》 | ●回歸到以女性本身的經驗與觀點分析性別文化。<br>●反思第二波女性主義者忽略的女性之間所存在的「差異」與「多元性」。<br>●除了性別，也加入種族、階級、性取向等因素分析女性的處境。 |

18世紀以降，女性主義發展出多種流派，針對不同時空背景的女性所遭遇的不平等問題加以分析，解決方法也互異，但目標都是建立平等共存的性別文化。

# 世紀末的戲耍：後現代主義

關於「後現代主義」是否具有文化研究的意義，至今在學術界仍有非常多的歧見而未有定論。這「無一定論」的現象，或許正標示了「後現代主義」本身講求「多元」與「小敘事」的小眾特質。

## 現代主義與後現代主義的創作風格

十八世紀啟蒙運動以降，西方工業國家開始相信人可以憑藉理性及客觀的科學方法追求真理，邁入進步、工業化的社會，而現代的社會經濟狀況便是「現代性」。「現代主義」興起於十九世紀末，標榜的是以理性追求真理，反思「現代性」工商業社會中人際關係疏離、心理焦慮而發展出的「實驗」與「創新」精神。與現代主義同樣質疑「現代性」的後現代主義，兩者雖然在外顯特徵上極為相似甚至有其共通處，例如同樣透露「破碎」與「疏離」感，且使用「拼貼」與「諷刺性摹仿」的技巧。但在內涵與態度上兩者卻是大相逕庭：現代主義講求創新的精神，但基本上仍是一種認為藝術家應追求純粹藝術的「菁英思想」，帶有濃厚的理想性與使命感。相對而言，後現代主義則是試圖打破菁英式的高尚文化和大眾文化的隔閡，藉以模糊「藝術」與「非藝術」的界線。「理想」對後現代主義而言沒有意義。

以兩者皆有的特徵「破碎」為例，現代主義的「破碎」意象是對現實的壓迫發出悲鳴，希望藉此喚醒痲痺的人們。但後現代主義則將「破碎」視為語言的解放，對文學作品形式，如詩、散文、小說等人為的區分並不認同，認為這世界並沒有絕對的標準。這樣的想法與後結構主義的「去中心」可說是「英雄所見略同」。因此，人們可能會在後現代小說中看到「角色」突然跳出與「作者」進行對話，而不似傳統小說中作者、讀者、角色各就各位具有固定功能，這種嘗試顛覆作者與角色的傳統認知的手法，是後現代小說常見的敘事技巧之一。

## 「後現代狀況」的先決社會經濟條件

一九八〇年代以後，因科技發展帶來的資訊化與媒體霸權膨脹等現象，「後現代主義」一詞漸漸被用以廣泛形容世紀末的各種文化狀況。一九七九年，加拿大魁北克省大學委員會邀請巴黎大學哲學系教授李歐塔撰寫一篇關於北美地區知識使用情況的報告：〈後現代狀況：知識的報告〉。文中所描繪的「後現代狀況」，便是眾所周知的「後現代主義」了。必須注意的是，這本書所研究的地區主要

# 從現代性到後現代主義

## 現代性　18世紀以降，啟蒙運動時代始

### 肯定「絕對」

萬事萬物背後有一絕對真理，人們可以運用理性追求真理。

### 追求統一

知識具有普遍、客觀的特性，因此可以建立同一標準與集體共識。

### 藝術：真善美

強調藝術家的原創性才是藝術之本，以追求真善美為目的。

經過

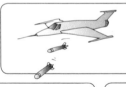

**兩次大戰的動亂**
世界大戰打亂原有的生活秩序，使人們不再相信自己能憑理性掌握一切事物。

**無國界時代開始**
跨國貿易迅速發展，人們不再受地理空間侷限，生活的變動更急遽。

**數位科技的突破**
知識藉由發達的數位科技傳播，電腦網路成為知識的主要來源。

形成

## 後現代主義　20世紀中期興起

### 主張「相對性」

人們不再相信事物的絕對性，昔日的真理不再是唯一的答案。

### 尊重差異

人無法用一套標準來判斷其他語言的正確性，應該包容他人不同的意見。

### 藝術：多元與混和

拒絕高尚藝術與大眾藝術之別。形式更多元、開放，將是否為藝術交由觀眾來決定。

是加拿大和美國。因此，研究的結果是針對資訊科技高度發展的已開發國家。所以，當世界上有的國家已經處於「後現代狀況」，有些國家卻還處於非常原始的生活方式：沒有電視或任何電力設備，遑論擁有構成後現代狀況必要條件之一的「電腦」了。

## 幻滅中的「大敘事」

後現代狀況，或後現代主義最主要的特徵是：「對大敘事的懷疑」。「大敘事」意指神學與科學等意圖探究真理的知識系統，最重要特徵是需要統治者或主流意見的支持，以合理化其存在的正確性與正當性。或許有人認為，神學是一種宗教信仰、一種迷信，與強調理性的科學不可相提並論。但對後現代主義者而言，雖然科學以「破除迷信」為追求知識的目標，但人類對知識的崇拜，卻讓科學本身也變成了一種迷信。因此，科學取代中古世紀的神學而成為了另一種信仰，在目的上與使用上與神學並無二致。然而，經過兩次大戰的洗禮、科技的一日千里、資本主義跨國公司興盛等不穩定的社會狀況，即使是強調理性與客觀的科學，卻也無法再提供人類一個比神學更好的答案來解釋我們所生活的世界了。這便是大敘事的幻滅：人們不再相信「真理」的存在，取而代之的是顛覆真理、挑戰「大敘事」的「小敘事」興起。

在資訊流通的多元社會裡，隨處可見的每則小敘事都有它的遊戲規則，但這遊戲規則只在它所屬的社群才成立。例如，哲學的思考方式只在哲學家身上發揮效用、網際網路上每一個小社群有獨特的說話方式等，這些五花八門的小團體，不需要任何主流意識為它們加持或合理化，便已各自在團體裡得到最多的共鳴與發表權。所以，後現代主義便是一種關於「真相的語言遊戲」，在遊戲中，每個人都有權擁有屬於自己的小敘事，並在小敘事中個自構築真相。

## 知識是一種商品

在高度資訊化的後現代社會，網路上有著各式各樣不知從何而來的「資訊」或「知識」等小敘事傳播。「知識」在後現代社會已失去原本「大敘事」的神聖性，而被資本主義的市場機制併吞成為一種「商品」。「商品」的製造目的並非「使用」，而是「銷售」；這些以知識包裝的商品可能沒有很高的「使用價值」，但卻有可以帶來極高商業利潤的「交換價值」。因此，在受消費主義影響極深的後現代社會，資訊的內容可以毫無意義，但只要包裝成知識，一樣可以被成功地販售，而大敘事的神聖性在後現代社會裡則被商品化成為銷售策略之一。例如，某些大學販售的商品就是「學歷」，或許所開設的課程內容並不充實，但那紙充滿「神聖性」的學歷證明卻可能換來更多較好的工作機會，而講求「表面價值」正是後現代社會最重要的特徵之一。

# 大敘事 vs. 小敘事

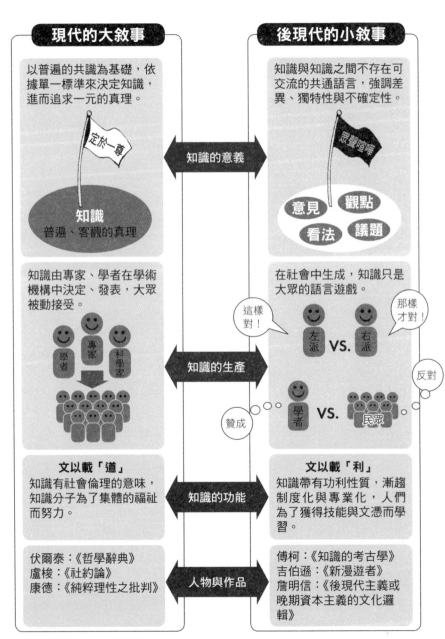

## 現代的大敘事

以普遍的共識為基礎,依據單一標準來決定知識,進而追求一元的真理。

定於一尊

**知識**
普遍、客觀的真理

知識由專家、學者在學術機構中決定、發表,大眾被動接受。

學者　專家　科學家

**文以載「道」**
知識有社會倫理的意味,知識分子為了集體的福祉而努力。

伏爾泰:《哲學辭典》
盧梭:《社約論》
康德:《純粹理性之批判》

## 後現代的小敘事

知識與知識之間不存在可交流的共通語言,強調差異、獨特性與不確定性。

眾聲喧嘩

意見　觀點
看法　議題

在社會中生成,知識只是大眾的語言遊戲。

這樣對!
那樣才對!

左派 VS. 右派

反對

贊成

學者 VS. 民眾

**文以載「利」**
知識帶有功利性質,漸趨制度化與專業化,人們為了獲得技能與文憑而學習。

傅柯:《知識的考古學》
吉伯遜:《新漫遊者》
詹明信:《後現代主義或晚期資本主義的文化邏輯》

**知識的意義**

**知識的生產**

**知識的功能**

**人物與作品**

# 歷史的再思考：新歷史主義

> 「結構主義」、「後結構主義」席捲全球思潮，他們主張擺脫時空限制，只在符號系統內尋找事物的意義。「新歷史主義」的出現，無疑是對符號掛帥的研究潮流發出嚴正警告：不要忽略了「時間」的影響！

## 甩不掉的「時間」包袱

結構主義與後結構主義熱潮占了二十世紀三分之二的時間，它們別具說服力的分析法，滲透到了哲學、人類學、心理分析等學門。將事物歸結為符號的展現，並試圖在符號所處的結構中，尋找出符號之間的關係與展現規則，此乃結構主義的特色；後結構主義則以「去中心」為標竿，揭示符號不但無法在語言系統裡找到最後的固定意義，更逃不出語言系統的範圍，所以我們只能用某個符號說明另一個符號，再無止盡地以「語言遊戲」的形式分析下去。因此，結構主義與後結構主義分析文本時，並不將文本置放在其誕生的時空背景中去找尋其涵義，而僅關注於文本在符號系統裡的結構關係。這造成了文化研究的主流變得愈來愈形式主義化，只講求找出規律即造文的法則，而不再聚焦於內容的闡釋了。於是漸漸有人發現，這種脫離歷史情境的分析方法將文本分解得既零碎又殘缺，極有可能使得文本與其原本的意涵相去甚遠，因此在分析年代久遠、寫作情境當代差距甚大的文學作品如莎士比亞的戲劇時會發生研究結果偏離文本寫作主旨的

狀況。基於這些考量，「新歷史主義」便於七〇年代由美國文化批評家格林布拉特提出，主張將「歷史」元素重新拉回文化研究的懷抱！

## 歷史是一種文學

雖然促進新歷史主義誕生的因素之一是對文本分析的形式主義浮濫的反撲，但另一方面，新歷史主義卻也接受了後結構主義的歷史觀，尤其是傅柯對知識與權力之間關係的觀點，傅柯的史觀帶著極強的「後結構主義」色彩，認為知識是權力的建構，因此只是權力的再現、並非「真理」；就連以「客觀」自居的歷史紀錄（大敘事），也是某個階級或團體而服務，其本質仍是「主觀」的小敘事，與文學並無二致。因此，歷史「文本」自然也可以用文學方法加以分析、解構，而不再將歷史視做分析文化現象必然的背景條件。此外，傅柯還認為，特定的文本僅在其被生產出來的過程中保有其「絕對」的意義；文字經過時代變遷，會造成誤傳或意義的改變，後人解讀該文本時，是用當時的知識了解過去的歷史，無論還原得多精準，都不可能百分之百地重現該文本在其

# 史學的發展過程

| 階段 | 傳統史學 ➡ | 後結構主義史學 ➡ | 新歷史主義 |
|---|---|---|---|
| 時間 | ～20世紀中期 | 60年代、70年代～ | 80年代～ |
| 什麼是歷史 | • 歷史＝History<br>• 史家忠實地記錄當時事件發生的緣由與因果關係。 | • 歷史＝story<br>• 歷史是一個由許多符號組合而成的故事；是沒有中心價值的語言遊戲。 | • 歷史＝histories<br>• 不同人以不同的方式敘述一個故事，只是呈現當時的某個觀點，而非重現真實。 |
| 歷史的功能 | 呈現事件的真實面貌，後人以古為鏡，可以知興替。 | 以分析文學作品的方式分析歷史文本，找出符號的結構關係。 | 將時空因素重新找回來，研究當時的社會文化環境中，權力在歷史事件所扮演的角色。 |

20世紀以降，歷史的研究觀點經過幾次改變：由「歷史忠實呈現真實事件」的傳統史學觀點，轉變為「歷史文本是符號的排列組合、沒有中心價值」的後結構主義史學；在遭遇文本被解構得支離破碎、毫無意義的困境時，又發展出「將文本置於其所產生的時空內解讀」的新歷史主義。

生產時空所代表的意義了。因此，文本分析總會偏向讀者的主觀。這種相對於傳統史學以客觀自居，而打破主客觀的界線，將歷史紀錄等同於文學作品的看法，便是新歷史主義的史觀；傅柯甚至對此表示：「人類再也沒有歷史！」

## 文學也是一種歷史

新歷史主義除了認為歷史是一種文學或文本，更進一步地將文學視為歷史，而不僅只是「反映」歷史。文學如何能形成歷史呢？舉性別文化為例，人類一出生，生理性別便受基因所決定，但對於性別角色的認知卻深受社會環境影響。而好萊塢電影中，女人經常穿短裙、小可愛代表性感，男人則是粗曠大方，流露著濃濃的牛仔味。這類美式的「男人」與「女人」的定義，藉由電影的傳遞，人們都學到這樣的性別模式，進而在生活中將這模式實際表現出來，構成了生活的一部分。故此，並不一定是由歷史或時代影響了文學的表現方式，有時反而是文學影響了文化與歷史的形成。新歷史主義不僅將歷史導入文學，更反過來，也將文學導入了歷史，認為歷史與文學平起平坐，不可偏廢；兩者都是文本分析的對象，並共同見證了人類的文化。

### 「歷史主義」與「新歷史主義」不同

「歷史主義」是一種傳統分析法，將文學作品置放在它所產生的歷史環境（背景）下閱讀，並認為文學可「反映」歷史，但文學是文學、歷史是歷史。「新歷史主義」則認為無論是文學作品或是歷史紀錄，當後人在閱讀時，皆是以所處時代的知識系統來理解其意義，因此在進行文本分析時，文學就是歷史，歷史就是文學。

# 新歷史主義的史觀

## 歷史事件發生

某事件由當時政治、社會及文化環境孕育而生。

例如：春秋時代周天子的勢力衰弱，諸侯勢力抬頭

周室 ← 齊、晉、宋、楚、秦

歷史文本必然無法完全還原最初的歷史現場。

≠

## 歷史的描述

文學家、史家對事件的闡釋必然隱含本身的觀點。

例如：孔子作《春秋》傳達「禮治」、「仁政」的政治理想。

## 歷史的不確定性

歷史文本或觀點只代表曾經出現的某種社會現象或價值觀。

春秋的歷史

觀點A　觀點B　觀點C

## 時代變遷

歷史經由史料、口傳、教育傳遞。

例如：漢武帝獨尊儒術，孔子學說成為立國基礎。

孔子是至聖

## 後人解讀

不同時空背景的讀者對文本的意義有不同的解讀。

打倒孔家店！

紅小兵

孔廟

# 「他者」出頭天：後殖民主義

後殖民主義思潮繼後結構與後現代主義之後，再度橫掃文化研究領域。二次大戰後，各殖民地紛紛獨立；表面看來已脫離宗主國的政治控制，但這些國家或地區真的獨立了嗎？從後殖民主義的角度看來，前宗主國的文化影響，仍停留在被殖民者的身上……。

## 殖民主義的意義

「殖民主義」泛指一種對他國或他地人民、土地或者財貨的軍事征服與政治控制。雖然在十九世紀歐洲各國殖民地擴張之前，就已經有類似殖民的政治現象，如羅馬帝國與蒙古帝國等，但殖民主義指的是某一政治中心對其「遙遠」領土的掌控，和發達的交通傳輸工具有密切關係，因此，在工業革命、科技發展之前，要對一個遙遠的領土逕行剝削與控制並不容易。殖民主義最明顯的例子便是十九世紀以降，西歐各國對亞、非兩洲的殖民剝削。如發生在清末的「八國聯軍」之役，讓猶如睡獅的中國，被迫開放通商港口、被迫割讓或出租國土、被迫簽訂不平等條約等等。

## 使命與暴力之間

十九世紀殖民主義興起，其背後的「商業」目的非常濃厚。起因是工業革命雖然使西方變得富裕，卻也使得物料變得昂貴、過剩的產品無處銷售。因此，向海外拓展便成為宗主國政商共同的目標，而殖民地便成為宗主國最佳的物料提供地與現成的市場。另一方面，宗主國的官員、商人等必須漂洋過海來到殖民地管理業務，於此同時也將宗主國的生活方式與文化習俗也帶進殖民地。初至異地，殖民者的第一步卻不是融入當地，而是「改造」殖民地，使之成為宗主國的縮影。然而，美其名的「改造」事實上是「否定」與「取消」殖民地的文化。殖民者將政治上的優越感歸因於其文化的優越性，認為是良好的文化培養出優秀的人民，而優秀的人民有義務「教導」較次等的人類。這種「使命感」讓殖民者合理化了占領時的流血衝突，因為被殖民的次等人本應接受「幫助」與「教化」，成為文明人。

## 後殖民時代來臨

二戰後，各殖民地雖紛紛獨立，但卻免不了在文化或經濟上受前宗主國的影響。被宗主國教育了兩三代的殖民地已經產生了不少菁英，而這些菁英不是歸化為宗主國人民，就是留在殖民地——也就是自己的母國成為統治階級。可想而知，這些菁英對前宗主國多少懷著一種矛盾的情感：他們既反抗宗主國的統治、歡呼獨立的到來，卻又懷念宗主國的統治、傾慕宗主國的文化。至於歸化為宗主國國籍

# 後殖民文化現象形成的過程

### 工業革命發生
18世紀英國首先發展出以機器取代人力的生產方式，經濟急速發展。

### 生產過剩、原料人力不足
產量大增使得市場相對變小，且資本家希望得到更廉價的原料與勞動力。

### 海外殖民
歐洲國家向海外發展，大肆開拓殖民地與市場，殖民時代於是開始。

1947 年印度獨立

Your Honor　Good

### 二戰後殖民地獨立
戰後國際政治版圖重劃，亞、非殖民地紛紛脫離母國而獨立。

### 殖民地受影響而被同化
殖民地人民已遵從宗主國的風俗習慣、教育、語言、文字等，日益疏離本土的文化。

### 輸入殖民宗主國文化
殖民官員為了方便管理與政令宣導，因此輸入宗主國文化。

英國統治者　換成　印度菁英階級

被統治者　不變　被統治者

### 舊菁英階級取代殖民官員的地位
殖民者留下的職位空缺由本土菁英階級接收，他們沿襲殖民者的價值觀與思考模式，因此被統治階級依然備受貶抑。

西方＝先進、文明
非西方＝落後、野蠻

殖民地後裔

### 後殖民文化現象
殖民者退去，但殖民地經濟依然受西方控制與剝削，在文化上延續西方中心思想。

並居住在宗主國的前殖民地人民，所要面對的問題或許更加艱困。對宗主國的國民而言，他們不過是一群曾經被統治的人民、一群「他者」，但對這群「他者」而言，從小接受宗主國的教育，早已認定自己是宗主國的人民了。這些心理壓抑與扭曲的現象，不但是殖民主義的遺產，更是後殖民主義研究所要探討的主題。

## 重寫歷史是當務之急

　　後殖民主義最重要的任務，便是「重寫自己與西方的歷史」，因為從被殖民的那一刻起，殖民地的歷史已被殖民者扭曲成野蠻人的歷史，而西方的歷史則被昇華為殖民地的拯救史。這種「重寫」可以從兩方面來看。首先從「再現」的角度來看，無論殖民者或殖民地的歷史都是以殖民者的觀點記錄，因此不可能是一個相對客觀的歷史。重要的是，接受殖民者教育的殖民地人民，讀的雖不一定是貶低自己文化的歷史，但卻是不斷歌頌「偉大的他者」、自己看不見自己，而總是從別人眼中看見自己的歷史；長此以往，民族自卑感便成形了。因此，後殖民主義的一大訴求正是重建本土的歷史觀點。第二，從「後結構主義」與「後現代主義」的觀點切入，重寫歷史是一種對「大敘事」──即西方以真理自居的知識系統──的挑戰，也是殖民地人民的文化反攻。因此，建構屬於自己的「小敘事」，也就是找回過往的歷史經驗、賦予新的意義，便是後殖民主義積極找回自己的行動之一。

## 後殖民主義的隱憂

　　「重寫自己與西方的歷史」是一項偉大的任務，做為後殖民主義者的知識分子對此自然責無旁貸。但是，有資格重寫這些歷史的學者們，在接受教育的過程中卻是吸收前宗主國的知識。因此，他們在判斷母國文本、史料的價值時，很難不受前宗主國文化的影響；另一方面，在母國身為高級知識分子的這群人，本身的社會地位與生活經驗便有異於下層人民，於是在撰寫尋常百姓在殖民統治下的日常生活時，立場便有差異；在定位本土文化之時，觀點也難免偏向西方。因此，這種以西方觀點書寫歷史的困境，往往難以突破。

# 殖民主義與後殖民主義的比較

後殖民主義者認為，縱然殖民時期已終結，但殖民地和宗主國仍然維持經濟殖民與文化殖民；縱然殖民官員已離開，但繼任的本土菁英仍帶著舊思維，因此很難再找回本土文化的主體性。

| | 殖民主義 ➡ | 後殖民主義 |
|---|---|---|
| 時間 | 19世紀～20世紀前期 | 20世紀中期～ |
| 發展重點 | ●西方國家殖民亞、非洲，文化隨之傳播，西方文化初步全球化。<br>●殖民者期望殖民地透過學習文化認識宗主國，肯定宗主國的優越性，加強認同感。 | ●殖民地獨立後，在政經發展上仍無法脫離宗主國的影響。<br>●本土菁英階級已認同宗主國的文化與價值觀，且取代以往殖民官員的角色。 |
| 歷史觀點 | ●西方人書寫統一版本的世界史（大敘事）。<br>●記錄殖民政府的功績，以及對殖民地的教化與開發，抹殺殖民當地的歷史及文化。 | ●殖民地人民努力拆解殖民者的大敘事，以自己的聲音、角度重寫歷史（小敘事）。<br>●大眾文化、日常生活經驗、稗官野史等非官方史料在後殖民歷史研究上也具有價值。 |
| 對文化的影響 | ●被殖民者認為殖民主義是不公正的，但又渴望融入宗主國高尚的文化。<br>●菁英、統治階級學習宗主國的風俗、語言、文字等等，忘卻本地文化。 | ●推翻殖民主義的文化侵略，尋回傳統文化的根基。<br>●菁英階級已深受宗主國的文化影響，因此所寫的本土歷史很難貼近下層人民的實際生活狀況。 |

# Chapter **5**
# 東方主義的興起

　　東方文化蘊含了豐富的傳統風俗，然而，經過西方的殖民，東方文化產生了變化；西方世界也受到了東方的影響。東方主義在西方學界興起便是一個最好的例子。薩伊德投下第一枚最具影響力的「東方主義」思想炸彈後，後殖民主義思潮正式揭幕。歷經數十年的辯論、與其他理論的交錯激盪，後殖民主義不但已蔚為當代思潮中最重要的理論，更在東西方文化皆面臨全球化之際，提供了許多「文化保存」議題的重要觀點。

**學習重點**

● 殖民主義與後殖民主義的差別？

● 薩伊德對東方主義的定義

● 被壓迫者可以為自己發言嗎？

● 什麼是「第三空間」？

● 「混種」和其他後殖民理論有何
  不同？

# 薩伊德之東方主義

> 西方國家對東方國家的定義，不但決定了西方人對東方人的看法，也深刻影響了東方人對自我的觀感。在薩伊德提出的「東方主義」裡，對東方「再現」的解釋是當代後殖民理論裡最重要的議題。

## 西方 vs. 東方

在薩伊德的「東方主義」理論裡，「東方」的意義是雙面的：沒有「西方」，就沒有「東方」。從地理上來說，這個相對的概念簡單易懂，但若從文化與政治上的意義來看，「東方」就帶有殖民的意味。薩伊德認為原因有二：第一，「東方」是由「西方」所定義的。從西方人的地理視野觀之，往東發現的國家對他們而言就是「東方」，包括近東的小亞細亞、土耳其、中東的伊斯蘭文化區，以及遠東的中國。第二，西方國家雖未像古代中國一般，自認為是世界的地理中心，但自十九世紀殖民擴展成功以來，西方人已經在文化、政治與經濟地位等方面建立了種族優越感。

在薩伊德的《東方主義》一書中，西方的範圍在十八世紀末到第二次世界大戰前，指的是英國、法國等殖民國家，二次大戰後則是以美國為首的政治經濟強權。而東方的範圍由於薩伊德身為阿拉伯裔的血緣背景，他所研究的東方主要是中東地區的阿拉伯國家，即長久以來回教和西方基督教衝突與對立不斷的地區。

## 想像中的東方

薩伊德認為，西方對東方的定義，事實上是將對東方的想像與片面的觀察轉化為正規知識的過程。早在西方人以武力殖民東方之前，東西方早已藉由貿易或宗教進行交流，如進出口香料與傳教士海外宣教，而西方人漸漸地建立了西方觀點下對東方人的想像：東方是異國情調的、神祕的、迷信的，也對比出西方的正統、理性與科學化。

然而，殖民時代來臨後，西方國家開始將殖民地的歷史、地理、風俗、民情納入宗主國與殖民地的正規教育，以教導宗主國人民認識殖民地，同時向殖民地宣傳帝國的偉大，使東方成為可以被教導的學術知識。

「東方」概念成為學術知識的影響有兩個層面：一、宗主國人民相信教科書所寫的東方就是真正的東方，對東方的刻板印象於是形成；二、殖民地人民從教科書的內容來認識自己，無法延續殖民前的自我認同，因而產生了認知的斷裂。第一個影響可視為殖民地被「再現」的議題，第二個則攸關殖民地的「主權」，以下有進一步的說明。

# 東方被「東方化」的過程

## 東西方接觸

以英、法為首的歐洲強權國家到亞非進行探險、宣教、貿易等活動，而開始了東西方接觸。

**想像**

## 東方的樣貌

西方人根據個人片段的經驗與想像，創作出西方版本的遊記、探險故事或科學報告，重新塑造東方的樣貌。

**再現**

## 學院裡的正統知識

學院裡產生了一批「東方學家」，將世俗的片面想像學術化成為一套正統的「東方學」知識，並在教育體系中傳播。

東方學

中國人是東亞病夫

阿拉伯人很會做生意

印度人是難懂的、神祕的民族

**形成**

## 「東方化」的東方

「東方」不是真正的東方，而是由歐美東方學家所建構成的「東方」。「東方」喪失了自我詮釋的主權。

我是書上所寫的那樣嗎？

## 「再現」的議題

薩伊德以「再現」的角度解釋教科書上的東方與真正東方的差距。他認為，教科書上的東方是由西方學術界所創造的一系列關於「東方」的詞彙。而這些詞彙經過正規教育而成了官方承認的知識。事實上，在殖民宗主國，研究東方、談論東方、傳授東方知識的人，大部分不是「東方」人，而少數在學術機構裡的東方裔學者，也僅能傳遞西方版本的東方。因此，被「再現」的東方與真實存在的東方於是有了差距。而西方正規教育裡「再現」的東方文化偏見，正是使得西方社會對東方產生刻板印象的主要原因。

## 「主權」的議題

被「再現」的東方與真實東方的「差距」被握有知識詮釋權的西方所抹去，將真正的東方消滅，並將西方定義的東方正當化、合理化。這對殖民地人民的自我認同造成了莫大的傷害。生活在東方的殖民地人民，才是當地文化真正的創造者，但他們卻喪失了文化的主權，無法定義、傳播自己的文化，而處在無名的、不可見的狀態中。

另一方面，有機會到宗主國接受高等教育的殖民地人民，若發現自己所認識的本地文化，與宗主國在教科書裡所寫的不同，便會產生認知上的兩難：究竟要相信書本上的，還是相信自己所經驗到的文化？若相信書本上的，便意謂著要切斷長久以來對自我文化的認識；若相信過去的經驗，則意謂著自己並不相信學校所教的，卻又無力辯駁、反抗，只能任憑自己的文化被扭曲。長此以往，這兩種反應都會使得殖民地人民對自己的文化定位產生懷疑，而造成民族自尊的喪失。

## 東方主義三要素

薩伊德將以上的現象統稱為「東方主義」，用以指稱西方認識、統治，進而建構東方的過程與方法，東方主義主要有三個構成要素：

第一，「東方主義」並非憑空的想像，而是一個「有根據」的想像。「東方主義」僅是西方「再現」東方的手段，而非「真正」的東方；是將想像化為學院裡的知識，而非真正地認識。東方的人文、歷史與風俗民情，要比西方想像中的更廣博、更複雜，必須深入東方文化才能了解。

第二，由於掌有權力的一方，必須建立合理的文化、歷史知識，被宰制的一方才會心悅誠服地遵從。因此，要了解東方主義的內涵，就不能不了解權力在其中的運作。西方將東方「東方化」，也就是將東方的一切以西方的角度納入知識體系中，再拓展到全世界，西方與東方的關係其實就是權力宰制的關係。

第三，東方主義不是謊言或迷思，而是文化的創造與形成的結果。薩伊德認為，東方主義自十八世紀末迄今，從一些零散、個別的想法演變成可以被教導的知識，不能簡單地以謊言或迷思來解釋，而是片面想法被納入正規教育後，漸漸融入西方文化，進而成為一種

# 東方主義的形成原因

## 權力＝知識

西方是現代知識體系的創立者，西方版本的知識比較「科學」、「理性」，因此西方擁有「再現」東方的特權。

世界一流學府

權力、知識、文化的交纏

## 偏見與想像形成知識

關於東方的單一、片面經驗被學術體系納入而成為權威性的知識。

印度人都會玩巫術！

## 文化散播、傳承

西方人所創造的「東方學」形成了研究傳統，經由宣傳、散播，使東方世界的形貌深入人心。

東方就是這樣

## 西方版本的東方論述傳遍世界

「東方」不再只是地理位置，而是歷史意義的「東方」，此概念是為了對比西方的優越而出現。

## 東方主義

即西方對東方的認識、統治和重新建構的過程與方法。

薩伊德

東方主義是一套由西方所建構、關於東方的知識系統，目的是支配、統治東方。

「常識性」的刻板印象，這是近兩百年以來日積月累的結果。

## 後殖民方法論

由於薩伊德著重刻板知識在學術機構裡形成的過程，因此特別重視研究者的角色與研究方法。他認為，知識的形成和研究者分析的觀點、角度有關，東、西兩方學者都很難擺脫既有教育的影響，也就不可能完全站在客觀的立場。而學者的職責是了解自己所受的影響，將影響轉化為批判的動力。

對東方研究應負最大責任的東方學者應該擺脫僅是傳達、告知的角色，東方學者出身於東方文化背景，但亦接受了西方教育，因此，當他研究東方文化時，對該主題的體會必然較西方學者來得更深，將其加入研究中，對讀者的感染力也更強。因此東方應善用自己對東西文化的涉獵，將「告知者」的劣勢，轉變為批判立場的優勢。薩伊德「研究者與研究主題之間具有主觀與客觀雙重關係」的觀點，對講求客觀的學術研究不啻提出了一大挑戰，也開啟了後殖民主義的文化研究中，在研究報告裡加入研究者本身故事的「自傳體」特色。

### 薩伊德

美籍阿拉伯裔文學理論家與批評家，為後殖民理論的奠立者。一九四八年因以阿戰爭舉家遷居美國；十四歲起在美國接受西方教育，哈佛大學畢業後進入哥倫比亞大學任教。著有《東方主義》、《文化與帝國主義》等書，對後殖民理論的影響，無人能出其右。二〇〇三年因血癌過世。

# 方法論的轉型

## 傳統研究方法論

### 知識是純粹的
知識的本質是客觀、超然、中立的。

### 中立
學者與知識保持距離，不涉入其中。

### 了解事實
忠實地描繪研究對象的形貌。

### 告知者
知識分子應恪守客觀的立場，傳遞知識。

## 後殖民研究方法論

### 知識有政治性
知識必然與創造者的階級、信仰及社會結構有關。

### 介入
研究者由於個人特殊的處境而投入某個研究主題，甚至將自己的經驗寫入研究中。

### 批判的分析
研究是為了闡明權力支配的結構，讓讀者了解知識對己身的控制。

### 攪亂現狀的人
關心並介入社會，展現批判性甚至顛覆性的力量。

---

- 知識的定位
- 研究者的位置
- 研究動機
- 知識分子的責任

# 史碧娃克的反詰

{ 「被壓迫者能夠說話嗎?」在二十世紀末的學術思潮轉而將注意力放在「非西方國家」之際,史碧娃克對「後殖民主義」的「再現」能力發出了這樣的質疑。 }

## 沉默的大眾

後殖民主義者認為下層殖民地人民的歷史總是由上層的殖民者菁英撰寫。此種對歷史的界定源自於傅柯的「知識暴力」概念,知識暴力是指以強勢的知識系統向弱勢者進行文化的滲透與征服,例如以編纂法律、撰寫歷史、頒布教育準則等制訂標準知識的方式來定義他者。

舉例而言,在十九世紀英國本地學生所閱讀的歷史裡,對殖民地及殖民地人民如印度的描述,絕大部分是英國的歷史學者根據其所了解的印度而撰寫的。二十世紀中葉獨立運動後,許多印度當地學者開始重新編纂本國歷史,想從印度人的角度寫下印度人民被殖民的血淚經驗。但這些印度裔學者卻深受英國文化影響,甚至有許多是留英返國的菁英,他們的生活與底層階級並無交集,即使是善意地為底層人民代言,也是以西方文化做標準,闡述的是西方人眼中的真實。然而,即使「他者」(底層殖民地人民)想主動地發言,也不懂得如何運用學術語言述說自己的歷史,因此,被壓迫者無異於被消音的一群。針對知識的建構,印度裔學者史碧娃克發出了這樣的問句:「被壓迫者能夠說話嗎?」這個疑問直指後殖民文化現象的核心——西方人藉著知識暴力成為權威性的「主體」,而第三世界人民則是被動的、被剝奪發言權的「他者」。

## 「他者」的宿命?

知識暴力在貶低他者的同時,也有將他者「浪漫化」的傾向。「浪漫化」即是將他者再現為殖民主義的受害者、殖民者的代罪羔羊、受拯救者等等,表面上是將他者視為平等的學術研究對象,但事實上是在知識上對他者進行殖民。史碧娃克曾用以下這樣的例子來解說明殖民者的心態:在英國殖

### 什麼是第一世界、第二世界、第三世界?

「三個世界」如何界定眾說紛紜,但一般說來,第一世界是資本主義工業國家,也就是文中的殖民者;第二世界為社會或共產主義國家;被殖民和帝國主義壓迫的前殖民地國家則為第三世界。

# 被壓迫者為什麼沈默？

史碧娃克

許多人想為被壓迫者發言，但於此同時，他們反而將被壓迫者的發言權消除了。

說、寫他者

| 代表國家 | 進步的先驅 |
|---|---|
| 英國、美國、法國、日本等第一世界工業國家。 | 已開發的文明地區，有能力研究未開發的原始地區。 |

偉大的他者

| 身分 | 掌握發言權 |
|---|---|
| 西方的知識分子、本土菁英、第一世界的白人女性。 | 藉由知識暴力的控制與壟斷來定義他者。 |

| 代表國家 | 被浪漫化的原始狀態 |
|---|---|
| 越南、印度、印尼、阿富汗等第三世界國家。 | 純樸、原始未開發的世界淨土，是被研究、保存的對象。 |

他者

| 身分 | 無聲的一群 |
|---|---|
| 殖民地的底層人民、賤民、第三世界女性。 | 底層人民無法用本土語言為自己說話，即使說了，所表達的往往也和聽者的詮釋有差距。 |

被消音

民前，印度底層階級的女性地位極低，當時有「陪葬」風俗，將剛死了丈夫的寡婦和丈夫屍體一起火化，也就是將寡婦燒死殉葬。而英國開始在印度的殖民統治時立法禁止了這個風俗。英國人將這種禁令當做是仁慈的教化，是要引導野蠻的印度走向文明；但另一方面，英國人卻也藉此對其殖民印度的行為找到了極佳的藉口：因為印度人很野蠻，才要來拯救他們。因此，印度人本身不但被殖民，還成了理應受殖民者教化的對象。身為後殖民女性主義學者的史碧娃克，以這個例子一方面從女性主義的角度批評前殖民時代印度女性的卑屈地位，另一方面也解構了英國人以拯救為名、殖民為實的心態。

此外，在學術上，他者的原始狀態被視為是反抗「全球化」的最後力量。純樸的他者被當成讓研究者窺看、獵奇的原始「淨土」，因此他者最好永遠保持原始，不要踏上現代化之路。所以，他者不但沒有因為在學術上受到重視而被平反，反而一次又一次身陷西方邏輯中，所扮演的角色不是受害者就是拯救者。對此，史碧娃克再一次反詰後殖民主義研究他者的正當性，並肯定地說：被壓迫者無法說話！

## 「異質性」的保持

史碧娃克並不堅持要恢復他者歷史，因為她認為沒有任何知識分子能夠不被西方思維影響，並且在恢復本地歷史時不重蹈「知識暴力」的覆轍。此外，處在「知識暴力」中心的「他者」與「偉大的他者」兩者之間的關係是相對的，不是絕對的。就像清廷自認為是世界的中心、偉大的他者，而其他國家是蠻夷、番邦等卑微的他者；但在被當做「番邦」的西方國家眼中，清廷是老朽腐敗的他者，自己才是先進的工業強國。因此，他者的定義本是浮動、非固定的。

史碧娃克也不認為任何理論或原則會永遠都是對的，包括她所說的每一句話；沒有任何歷史或理論可以「完全」代表任何人、任何民族或國家，即便是最鉅細靡遺的歷史也難免帶有撰述者的主觀。史碧娃克鍥而不捨地追求更多的「小敘事」，目的是保持閱讀或書寫歷史時的「警覺」與「謙卑」態度。因此，保持理論內容與結論的不確定與開放性，即「異質性」，不但是學術界應有的態度，也是史碧娃克在討論他者的再現時所堅持的最高原則。

### 史碧娃克的再思考

史碧娃克撰述的《被壓迫者能夠說話嗎？》第一版本是一九八九年完成，而第二版本於一九九九改寫時，她再補充底層階級可透過擁有自我批判能力的本土知識分子來發聲。

## 史碧娃克

印度裔後殖民女性主義學者。史碧娃克自命為學術界的「干擾者」,以解構的方式質疑所有的理論建構。她在七〇年代將德希達的論點及著作譯成英文並帶進英美學界,其著作對後殖民主義與女性主義皆產生極大影響力,《被壓迫者能夠說話嗎?》為其代表作。

# 普遍性 vs. 異質性

## 普遍性

### 為他者揭示知識的本質

以西方文化做為普遍性標準,去分析、定義他者,他者是被動的,不具有發言權。

**定義**

## 異質性

### 反對單一、化約的知識

知識是各種相互競爭的權力所利用的工具,其中的權力關係非常錯綜複雜,無法化約成單一的敘述。

### 二元對立

西方以二元對立方式劃分西方與非西方世界。

中心
●西方
●文明
●知識
●研究者

**二元對立**

邊緣
●東方
●原始
●無知
●被研究者

**論述主軸**

### 去中心

不再有單一的劃分標準,中心與邊緣之間的關係是多元、相對的,有互相連結、影響的部分。

**游移**

東方　西方
兩方的概念互相重疊、影響且不斷游移

**浮動**

### 高高在上

知識分子在權力結構中站在高位,民眾仰賴他們為自己發言。

**對立**

知識分子　　　被研究者

**知識分子的定位**

### 自我批判

知識分子不以「代表人」自居,應該拒絕向主流靠攏,堅持「小敘事」的立場。

知識分子　被研究者

我是你們的代言人

你不了解我們的想法

我們同一陣線!

# 侯米巴巴的混種說

在薩伊德與史碧娃克的理論中，統治者與被統治者是互相對立的；然而侯米巴巴所提出的「混種說」則以更貼近人們的真實經驗，為統治者與被統治者之間的關係下了一個令人信服的註解。

## 殖民時代：混種文化形成前期

統治者在殖民初期，多以高壓政策否定殖民地當地文化，並帶入宗主國文化、教育與政治制度。然而，被殖民者的文化已經過代代傳承、累積，要將其連根拔除談何容易。再者，殖民者在建立政權時，從宗主國帶來大量的官員、家屬與人民，雖然他們盡力在殖民地複製宗主國的生活，但在日常生活的食、住、行等方面，卻不得不遷就殖民當地的資源、氣候等因素而有所調整。

因此，整體而言，殖民者雖然企圖建立被殖民者對宗主國的文化認同，並在官方制度中成功地輸入宗主國的文化；然而，來自宗主國的官員與家屬卻在實際生活的小細節中逐漸受到被殖民地文化影響。這些在殖民時代所發生的兩方文化衝突以及調合、對立與了解，可說為後殖民時代混種文化的形成，埋下了豐富的歷史種子。

## 第三空間

「文化認同」不但是殖民者統治殖民地時所面對的重大課題，也是殖民地獨立之後重建國家認同的主要手段。二次大戰後，殖民地紛紛宣告獨立，然而重拾政權的本地政府發現，經過殖民統治幾代之後，要尋回前殖民時代的文化以重建國家認同，幾乎是不可能的。前殖民地時代的文化雖未被連根拔除，卻再也不是當初的樣子了。

後殖民文化，既非殖民者的文化複製品，也不是原本的本地文化。這種新文化形成的現象，可以比擬為兩杯不同溫度的水，注入第三只杯子裡，在經過一翻冷熱對流後，漸漸穩定在某一特定溫度。但文化的形成又比水的混和更複雜、更不穩定。英籍學者侯米巴巴即是以這「第三空間」的概念來解讀文化與文化之間互相滲透、融合的後殖民文化。

### 侯米巴巴

伊朗籍後殖民理論學者，為後殖民文化理論最重要的批評家之一。在英國牛津大學取得學位，自身成長經驗與其後殖民論述的形成有著莫大的關係。立論受後結構主義與德希達、拉岡、傅柯的影響頗深。著有《國家與敘事》、《文化的位置》、《身分：真實的我》等書。

# 文化的第三空間形成過程

殖民宗主國的文化並非高高在上、不可改變；它也會在與殖民交會時受影響而轉化成新的面貌。

侯米巴巴

## 宗主國文化

殖民者擁有自己的文化傳統與風俗習慣。

例如：英國人以牛肉、麵包、酒為主食。

**相遇** 殖民 / 被殖民

## 殖民地文化

該地的風土民情所孕育的特殊文化。

例如：印度盛產野生茶樹，喝茶是印度人的傳統。

**產生**

## 第三空間

兩種文化互相滲透、轉化成為另一種文化，即為「第三空間」；並返回影響各自的文化源頭。

例如：英國本地開始風行喝茶。

印度的茶真好喝

無法回復

**轉化** **轉化**

## 宗主國的新文化

受殖民地所影響，己身文化已不再純粹而有了新的風貌。

例如：英國發展出英式茶文化，對沖泡方式、餐具擺設、茶點都很講究。

## 殖民地的新文化

殖民者帶來的影響已經深深銘刻在殖民地的文化中。

例如：印度自此成為產茶大國，所產的茶銷往全世界各地。

## 混種：文化形成之終極解釋

侯米巴巴稱在第三空間裡文化成形的現象為文化的「混種」。傳統的文化論述傾向將各式文化分門別類，如大眾文化、菁英文化；東方文化、西方文化等等，並藉此標示不同文化之間的對立與差異性，並點明兩者之間的競爭或權力關係。然而，這種解釋與真實世界人們所理解的文化交流與衝擊有所出入。

以「混種」的觀點來看文化時，會發現大眾文化與菁英文化的分野無法被固定，亦非兩相對立。雖然菁英文化總是被視為金字塔頂端的文化，遠比大眾文化來得高尚，但事實上，大眾文化亦時時刻刻在影響著菁英文化的走向。以服裝界來說，近來高級訂製服的設計靈感，常常取材自非洲、印度等傳統地方服飾，而以「民族風」之姿躍上時尚舞台。種種看似對立卻又交會的文化現象在今日頻繁出現，以往的文化理論所著重的優勢文化的壓迫、弱勢文化的失落，與兩方的鬥爭，已無法圓滿地解釋後殖民時代文化的形成了。此時，以互相交流取代截然二分的「混種」概念正好填補了解釋的空缺，也因此蔚為顯學。

## 「純種」真的存在嗎？

混種說強調的是文化可以互相交流，侯米巴巴甚至認為，「純種」的文化基本上是不可能存在的。這項說法可以從兩個角度解釋。第一，不同文化的分際是不固定的，在不同文化的交接處，即第三空間，文化會產生交流與衝擊，並反向影響其起源文化，進而形成新的文化。尤其在媒體高度發展的當代，幾乎沒有任何一處的文化可以聲稱其未受其他文化的影響而為單一起源的「純種」文化。第二，文化沒有優劣之分，卻因政治、經濟等因素而有強弱之別。因此，不同文化之間的交流並不是「平等」的。最明顯的例子莫過於美國在二戰後挾其政經優勢，以媒體對全世界進行「美國化」的過程了。因此，強勢文化對弱勢文化的征服仍是不可忽視的議題。

### 混種的正面意義

「混種」指的是不同「種」的生物結合之後所產生的新品種，此字原本帶有負面的意味，然而在現今文化研究領域，「混種」為文化去除了制式的疆界，提供多元的想像空間，因此演變成正面、積極的概念。

# 殖民觀點 vs. 後殖民觀點

| 殖民觀點 | | 後殖民觀點 |
|---|---|---|

## 純種
有絕對同質、單一、獨特的民族文化存在。

**身分認同**

## 混種
沒有「本來便存在的」民族文化,文化是交流、激盪的產物。

## 二元對立
文化的內涵是固定不變的,東方是東方、西方是西方。

**文化的內涵**

## 第三空間
經過歷史的演進所成形的文化,其內涵是複數、多元且揉雜東西的「第三空間」。

## 文化的征服
宗主國負有文化使命,將殖民地帶入文明化、現代化的歷史進程。

**宗主國與殖民地的關係**

## 文化的對話
宗主國不能免於被殖民地的文化所影響,在「開化」的同時,己身亦為殖民地所影響。

## 向外
宗主國以武力向外占領殖民地,以獲取政治經濟利益。

例如:英屬東印度公司在東亞各地建立殖民政權。

**文化的傳播**

## 向內
邊緣地帶的人民移入西方世界,使西方文化內涵隨之改變。

例如:黑奴將民謠帶入美國,成為藍調、爵士等主流音樂的始祖。

# Chapter 6
# 地域性文化研究

　　這世界遠比東方、西方的二分法還要更複雜，正像土耳其是歐洲還是亞洲一樣，這個問題在不同的情境下便有不同的解釋。以文化地圖審視這個世界，我們不禁要問，在強鄰美國的影響下，加拿大有本土文化嗎？而亞洲的文化研究受到西方文化理論的影響，要如何走出自己的一片天？但令人驚喜的是，在世界文化地圖上屬於弱勢的非洲，卻在法農的影響之下，有了迥異於其他地區的成就。

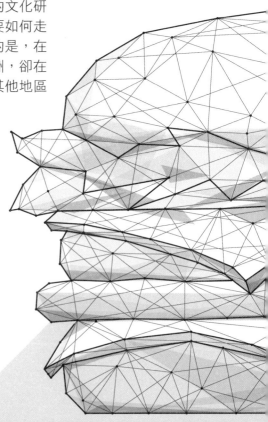

## 學習重點

- 非洲文化研究的研究範圍
- 加拿大文化研究的困境
- 日本文化有哪些歷史淵源？
- 中國文化研究與馬克思主義的
  關係
- 台灣文化研究的方向
- 英語強權與世界文化地圖的關係

# 黑色的憂鬱：非洲文化研究

非洲，一個遼闊卻沉默的大陸，除了愛滋病、內戰、貧困與生育問題，非洲還未成為世界焦點。然而，非洲文化研究對文化研究的貢獻卻深具啟發性。

## 研究範圍：黑色非洲

雖然在北非的地中海沿岸，包括埃及、阿爾及利亞與摩洛哥等地，有許多因十九世紀歐洲殖民擴張而移居非洲的白人，然而非洲絕大多數人屬於黑色人種。因此，地理上的非洲雖然是非洲研究的範圍，非洲研究的核心卻是以黑人的種族、歷史、心理為主，也就是「黑色非洲」的研究，而非洲研究也可視為「黑色研究」。

## 殖民地的精神病理學

英國、法國等殖民宗主國早在殖民前就對非洲做過研究，然而，其筆下呈現的非洲，不是以西方角度所寫的探險紀錄，便是從政治、經濟面向研擬在這塊大陸攫獲最大利益的方法。而以黑人的角度真正關心黑色非洲，並使得非洲研究真正受到西方學界重視的學者，首推法農。

法農生於加勒比海的法屬殖民地，在法國攻讀精神醫學時因膚色而備受歧視；戰後至非洲行醫時，又目睹黑人對白人的奴役心理產生又妒又羨、想取而代之的矛盾，因此深刻體認到被殖民者的悲哀——黑人唯有戴上白面具、臣服於白人的觀點，才能去除心底的焦慮。由於精神科醫師出身的背景，法農不但以精神醫學的角度分析黑人被白人殖民的心理衝突，更以自己的經驗撰寫了許多自傳體的研究。因此，他的研究被稱為「殖民地的精神病理學」。

## 黑色的憂鬱

法農認為，經歷漫長的殖民統治，黑人的心理發展變得極不健康。黑人只能被動地接受白人眼中的「黑人典型」，而找不到自己真正的樣子。比方說，黑人被認為生來便擁有一些看似正面的天賦，例如有節奏感，擅長舞蹈、運動；但從另一角度看來，卻代表了黑人的智力遜於白人，且天性較為暴戾。而在潛意識裡，黑人已經接受了白人的價值觀，其心理發展在「像個黑人」或「不像黑人」的困境裡打轉，失去「做自己」的自信與自尊。這樣的心理壓抑與扭曲是殖民歷史所帶來的、身為黑人的悲哀。

# 殖民歷史帶來的心理衝突

18世紀以來的被殖民經驗

殖民者 英國

殖民者 法國

殖民者 德國

殖民者 葡萄牙

殖民者 西班牙

殖民者 義大利

殖民者 比利時

非洲

導致

## 黑人的心理衝突

由於被殖民經驗產生的心理壓抑與扭曲

 影響

 影響

## 黑皮膚、白面具

● 黑人奴隸對白人主人存在又嫉妒又羨慕的矛盾心理。

● 黑人想取代白人的地位成為主人，而不是走出一條有別於白人的獨立之路。

## 典型黑人形象的迷思

● 黑人只能被動地認同白人眼中典型黑人的形象。

● 黑人對自己的歷史與文化喪失自信，不知道「真正的自己」是誰。

# 被併吞的國度：加拿大文化研究

{ 從一九九四到二〇〇〇連續七年，加拿大都被聯合國評定為最適合人類居住的國家，但這廣大的土地上分散而居的各國移民，要如何保有原來的族群特色、又發展出共同的文化，是加拿大文化研究最重要的議題之一。 }

## 英國人，美國人，還是法國人？

從十六世紀起，英法殖民主義者先後入侵北美洲現今加拿大領土，將原住民（現稱為印地安人）趕離原居地；直到一八六七年行使自治前，加拿大維持英、法兩國一東一西的殖民政治體制。二次大戰後，非西歐移民的人口漸增，才逐漸形成以英、法語文化為主導的多元族群、多元文化社會。另一方面，加拿大身為世界第一政治強權美國的鄰居，接收到美國所有電視頻道，也因此深受美國文化影響，可說是站在第一線被美國文化侵略的地區。

加拿大的歷史文化背景如此複雜、族群與語言多元並陳，所以很難說清楚自己的文化身分與定位。以加拿大人在國際生活的狀況為例，當一個加拿大籍留學生到中國留學，以英文自我介紹時，恐怕百分之九十九的人會猜他是美國人（由於美式發音）；但若先接觸到他寫的文字時，或許有人會敏銳地覺得他是英國人（英式拼字）；若他以法語溝通，大部分的人便會誤以為他是法國人。而這一類語言、文字與符號交織、混和的狀況，就是加拿大人的文化處境。他們似乎只能說：「我不是美國人、不是英國人，也不是法國人。」但若要說明加拿大人或是加拿大文化的獨特樣貌，似乎就有點困難了。

## 語言使用的文化意義

英語雖是加拿大的官方語言之一，但語言的含意和文字的拼法方面卻有某些地方很不一樣，若忽略了這些不同點，加拿大文化就很容易被誤認為英美文化。例如，在加拿大稱計程車為「taxi」，而美國稱為「cab」，而「cab」在加拿大又是「加拿大氣象預報組織」的縮寫，因此，美加兩地所使用的語言常有混淆之虞。另外在拼法上的不同如美式拼音「center」與加拿大式拼音「centre」會被微軟電腦軟體強制糾正為「center」，文本的意義便會受美式語言所影響。美國文化的強勢地位對加拿大人建立「小敘事」極為不利，因此加拿大人希望找回自己的主體性，而加拿大文化研究也就常以「文化霸權對語言使用的影響」為主題。

# 加拿大文化的歷史淵源與影響

## 非白人移民

- **時間**：1960年代以後
- **特色**：移民政策逐漸放寬，非西方、非白人族群可以申請移民成為加拿大公民。
- **文化影響**：移民政策由歐裔族群主導，意即歐裔族群占據加拿大的政治、文化優勢地位。
- **族群影響**：政府制訂「多元文化政策」，即在憲法中保障少數族群的民族傳統、宗教、服飾和藝術文化，但公領域仍以英、法語文化為主。

## 英、法西歐殖民者進入北美

- **時間**：16-19世紀
- **特色**：航海殖民時代，法國人首先由東岸地區武力入侵，英國人接著占領西岸區。
- **文化影響**：目前加拿大國土東岸為法語區，西岸為英語區。
- **族群影響**：原居住於北美洲的印地安人被迫遷移至保留區，成為加拿大地位最低的族群。

## 後期歐洲移民

- **時間**：二戰以後
- **特色**：除了西歐、北歐族群以外，來自南歐、東歐、南美洲的族群也移入加拿大。
- **文化影響**：眾多族群移入強化加拿大的多元文化結構。
- **族群影響**：移民仍有限制，以歐洲族群為優先，第三世界族群受移民政策的歧視。

加拿大

美國霸權

- 加拿大的本土特性不明顯，文化認同也很模糊
- 生活方式、流行音樂、語言習慣上受美國影響極大
- 文化多元，但以英法占優勢

# 明日之星：東亞的日本、中國、台灣

> 薩伊德將小亞細亞回教世界介紹給西方；史碧娃克奠定南亞研究的世界地位；俄國早在二十世紀初便參與了結構主義啟蒙。而東亞的日本、中國、台灣等地的文化研究尚處於發展初期，還須投入更多的努力。

## 文化系出同源

日本與台灣有相同的文化淵源，均是由中國文化向外放射擴展而成。日本於隋唐時代起與中國頻繁往來，從宗教、文字、政治制度無不深受中國影響，因此奠立了日本文化的基礎。明治維新時日本「脫亞入歐」，引進西歐文化建立君主立憲制度，成為東亞第一個現代化國家。十九世紀末的中日甲午戰爭取得台灣的統治權，奠定了日本東亞強權的地位，一九一〇年再併吞韓國而成為與西方列強並駕齊驅的殖民帝國。自此，日本於殖民地推行日本文化，以政治力量強制同化台、韓人民；因此縱使二次大戰後韓國獨立、台灣回歸中國，兩地的語言、生活方式、風俗習慣已受日本影響甚深。二十世紀末，全球化風潮帶動了更深更廣的文化傳播，東亞各地的文化也呈現互相混雜、多元並進的風貌。

## 日本文化研究

在文化研究在西方成為學科之後，日本的學術機構也開始譯述、引介西方的文化研究理論，將其應用於本地文化現象的分析。而研究主題有以下三種：一為探討日本的傳統文化是在何種政治歷史脈絡下形成，且如何演化變遷，例如探討迄今影響仍極廣泛的「武士道精神」。武士道是由神道教、佛教與儒家文化鎔鑄而成，具體表現為重視倫理、崇拜天皇、保護國體等價值觀；日本人因武士道的激勵而走向富國強兵的東亞第一大國，但也因企圖建立「大東亞共榮圈」而向外殖民侵略。此類研究多以後殖民理論、性別理論來解讀在地的文化現象，以拆解文化中隱含的權力宰制。

重點之二為探討消費主義對日本社會文化的影響，日本是亞洲第一大經濟國，消費活動已發展至不僅重視商品的使用價值，而更憧憬其所象徵的品味、地位等抽象符號價值，消費成為人們最主要的認同來源；因此，當代消費文化、媒體與流行文化、全球化風潮下的日本文化工業等議題均是文化研究的重要議題。

三為從事亞洲各地的比較文化研究，日本文化研究國際化的程度較東亞其他國家為高。日本知名的「日本學國際研究中心」大量吸收中國與其他亞洲學者加入研究團隊，專注於亞洲文化研究的交流與比較，尤其是在全球化議題上著墨更多。

# 東亞地區的文化研究

## 中國的文化研究

**歷史淵源**

以淵遠流長的儒家文化為本，共產革命後，馬克思主義成為思想主流，但改革開放後，市場經濟對文化日漸產生衝擊。

**文化研究重點**

●從事傳統漢學與歷史典籍的分析。

●探討經濟開放所帶來如人口流動、貧富差距等社會變遷與文化現象。

●馬克思理論的探討仍是官方研究重點。

## 日本的文化研究

**歷史淵源**

於中國隋唐時代大量吸收中國儒家文化，明治維新時引進西方文化及立憲制度，因此呈現中西並存的風貌。

**文化研究重點**

●研究文化傳統根源，如考掘日本的武士道精神。

●探討經濟發展如全球化現象對日本社會文化的影響。

●從事亞洲各國的比較文化研究。

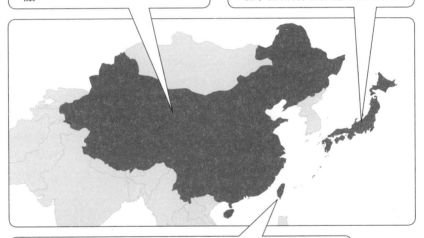

## 台灣的文化研究

**歷史淵源**

以中國儒家文化為主要淵源，加上曾受日本殖民統治以及戰後西方文化匯入，融合成特殊的當代台灣文化。

**文化研究重點**

●依循西方的主流文化研究理論來研究本土文化現象。

●探討被殖民經驗對台灣文化的影響，如特殊的語言與習慣。

●解嚴後台灣本土研究興起，台灣史、台灣文學成為研究焦點。

## 文化研究在中國

　　中國傳統尊仁重理的儒家文化，在民國初年五四運動時首度遭遇挑戰，但最大的衝擊是在一九四九年中國成為社會主義國家，自此以馬列主義為教條，一九六六年毛澤東甚至發動了反傳統、破壞文物古蹟的「文化大革命」，是為中國傳統文化的一大浩劫。但中國自八〇年代改革開放，開始接受資本主義的自由市場法則，經濟因而大幅起飛，創造了至今仍持續延燒的「中國熱」，文化亦受衝擊。

　　當今中國的文化研究有三大主題：一是研究傳統漢學，包括以中國文學「小學」為重的漢學研究，如對照論語的各朝版本並加以註解，以及歷史典籍與哲學思想分析，例如對孔孟、老莊思想的鑽研。二為馬克思主義的研究。共產黨取得政權後，馬克思主義在中國迅速地被傳播與教育，也因此在文化研究上與歐洲國家接軌，在六〇、七〇年代和西方的社會運動、學生運動相互影響而蔚為風潮。然而，與西方學術界不同的是，在媒體傳播較為自由的西方，學者可以對馬克思主義加以驗證與比較；中國在單一政權與新聞檢查制度之下，學者必須奉馬列主義為中心價值，無法對之反省批評。文化研究的主題之三為探討改革開放所帶來的文化變遷。由於中國走向市場經濟，於沿海地區設立經濟特區、引進外資，市場經濟政策導致了內陸地區人口流往沿海地區、貧富差距增大等現象，因此，經濟發展帶動的社會變遷也成為文化研究的主題。

## 台灣的文化研究

　　台灣文化一直與被殖民經驗緊密相連，從南島語族來台，到漢人、荷蘭、西班牙、鄭氏及日本殖民統治，多元的文化淵源與本土固有文化交流而形成了台灣文化的特殊風貌。被殖民經驗對台灣當代文化現象產生了多元又錯綜複雜的影響，例如「哈日」一方面是日本文化工業跨國行銷所創造的消費潮流，但另一方面則反映了日本殖民統治使台日文化交流頻繁，彼此關係緊密，也因此「哈日族」容易接受、喜愛日本商品。而文化研究的責任便是將文化現象放在殖民歷史脈絡中檢視，並批判其中的權力關係。

　　值得一提的是台灣本土研究成為新興的研究主題。八〇年代後期解除戒嚴，政治環境漸趨開放，使得原本因政治敏感而被排除在學院之外的台灣研究躍上了學術舞台，各大學紛紛成立台灣研究所或台灣文學研究所等。主要研究內容包括了台灣史及台灣文學、原住民的語言文化、族群關係、東西城鄉差距等遍及人文社會學科，試圖在研究中探尋台灣文化底蘊。舉例而言，研究日本殖民時期的台灣文化時，為了跳脫日本殖民者或是國民政府的「官方說法」，可以對地方耆老進行訪談，進而將難以在官方文獻中尋獲的珍貴材料重新挖掘、記錄下來，也就是以口述歷史的方式，找回當時台灣的「小敘事」。

# 台灣的文化淵源與發展

## 1945年起
### 國民政府
二次大戰結束後，台灣回歸中國，1949年國民政府撤退來台。
**文化影響：** 國民政府的官員及軍隊來台，戒嚴時期台灣存在被政治化了的本省與外省省籍矛盾，直到80年代末期以來政治自由化、民主化，省籍情節已逐漸化解。

匯入

## ～公元前4000
### 南島語族
六千年前開始由華南遷徙至台灣。
**文化影響：** 入台後四處遷移，逐漸分化為目前所稱的「原住民」。

匯入

## 1954～1979年
### 美軍駐防
冷戰時期，美國與台灣簽署「中美共同防禦條約」，台灣被納入西太平洋防禦系統內，美軍駐防台灣並提供經濟援助。
**文化影響：** 美式思潮與文化產品大量輸入台灣，美國流行文化成為台灣重要的次文化。

匯入

**擁有豐富的文化和語言**

## 16世紀
### 漢人
16世紀便逐漸來台拓墾，17世紀鄭氏攻取台灣，被清廷討平後，台灣被納入中國文化圈。
**文化影響：** 清廷對台進行統治，大批漢人移民將漢文化傳播至台，也形塑了今日台灣文化的主要樣貌。

匯入

## 20世紀末
### 全球化浪潮
全球化時代資本與人跨越國界流動，台灣一直有外資投入，90年代更開放外籍勞工。
**文化影響：** 資本與人的流動（包括婚姻、勞動）帶來文化衝擊，異文化相遇於台灣，造成政治、經濟、族群關係的變遷。台灣文化的內涵更趨多元。

匯入

## 17世紀
### 荷蘭人
荷蘭東印度公司於17世紀來台建立殖民政權。
**文化影響：** 傳教士至台灣教導原住民拉丁文，原住民開始使用文字。

匯入

## 1895～1945年
### 日本人
甲午戰爭清廷戰敗，台灣被日本接收，成為殖民地。
**文化影響：** 日本施行同化政策，台灣開始初期現代化建設。民間多使用漢文與日語溝通。

台灣文化的淵源眾多且內涵隨著歷史而持續變遷。目前台灣文化主要由四大族群構成，包括福佬、客家、外省、原住民，雖有社會文化的差異，但彼此都能尊重差異所展現的文化多樣性。

# 英語霸權：「你 Google 了沒？」

「學英語」一直是台灣的全民運動，甚至有人主張效法新加坡將官方語言由中文改成英語。英語，做為所謂的國際語言，究竟承載了什麼樣的意涵？

## 英語如何稱霸世界

在當前的世界，英語是最重要的國際語言，更是教科書、國際組織、媒體資訊、網路傳播、流行文化等領域主要的溝通語言。當今以英語為官方語言的國家有四十餘國，可說在全球具有絕對的支配地位。英語之所以成為霸權，其歷史淵源主要有二：一是十九世紀時隨英國殖民勢力的拓展，英語在殖民地如印度、新加坡、南非等國被大量使用；其次是二十世紀中期至今，美國霸權崛起，全球貿易、媒體傳播、教育等領域皆以美國為中心，世界各國唯有熟悉英語才能與國際政治經濟架構接軌，英語也因此挾美國之力在全球化浪潮中獨霸世界。

## 英語獨霸的影響 ❶：
## 傳統文化的抹除

英語獨霸對於各國文化的影響眾多，目前英國的前殖民地中有兩種語言狀況，一是本來以非英語為官方語言的國家，如印度；二是如澳洲和紐西蘭等原本就以英語為官方語言的地區。英語霸權對這兩種語言狀況的文化影響並不相同。在非英語為官方語言的國家裡，傳統文化的消逝是最嚴重的問題。以印度為例，十九世紀的印度有梵語、印地語及多種方言，英國人為了遂行殖民統治而引進英語教育、打壓各種方言，再挑選出精通英語的當地人為殖民政權服務。因此，印度獨立以後，殖民者雖然走了，卻已意外「統一」印度的語言，並奠立了以英語為中心的教育制度。自幼接受英制教育的印度人所接觸的教科書，內容即便是關於印度當地的事物，但其使用的語言卻以英語為主，讓印度人必須以英語認識自己與國家。就像「唐詩三百首」的英文版翻得再怎麼好，都無法傳達出唐詩在中文裡的

### 新殖民主義

在政治上雖已獨立，卻因繼承前宗主國留下的語言、制度等，而擺脫不了其影響的現象，稱為「新殖民」。「新殖民主義」則泛指先進工業國對發展中國家的文化侵略與殖民，其效果如前宗主國對殖民地的宰制，如美國大量捐贈英文課本給第三世界、將 CNN 傳播到世界各地等。

韻味。可想而知，印度人在以英語了解自己的文化時，以印度語文為表達工具的各種知識必定會失去其原貌，而使得許多印度傳統文化悄悄地消逝了。

## 英語獨霸的影響❷：「正統」英語的陰影

英語霸權也對澳洲與紐西蘭這些本就以英語為官方語言地區的本土文化造成影響。由於這些國家不像英、

## 英語成為霸權的歷史過程

| 時間 | 歷史背景 | 英語的霸權地位 | 文化影響 |
|---|---|---|---|
| 19世紀～20世紀初 | 英國殖民力量興起，政治經濟勢力擴張至亞、非殖民地。 | 在當地建立英語文明、先進的優勢地位。殖民地開始實施英語教育、排擠本土語言。 | 英語成為殖民地的官方語言，講地方語言的人漸趨減少，某些部落的語言文化甚至完全滅絕。 |
| 20世紀中期 | 美國建立霸權，在國際政經體制中居主導地位，科技也是全球之首。 | 在國際貿易、國際組織、學術圈、媒體等領域中，英語成為最主要的溝通語言。 | 英語由單純的溝通工具演變為階級的象徵，熟悉英語者為社會菁英。 |
| 20世紀末 | 通訊科技進步，網路打破地理疆界，主流媒體皆以英語為溝通媒介。 | 英語成為接近、使用科學知識與技術的主要媒介，其獨霸地位已然底定。 | 看似自由的網路通訊其實傳播的是美式觀點，維護的是美國的利益。各國皆受美國同化。 |

19世紀英語透過殖民者的武力征服而傳播，20世紀的美國挾龐大政治、經濟力量傳播英語文化，20世紀末的網路科技更使英語的勢力蔓延全世界。

美一般是「正宗英語」，因而被視為非正統英語，而文學被視為邊陲文學。在這些國家，「英國文學」被排入正規英語課程，而所學習仿效的對象是遙遠的英國作家；本地作家的地位遠不及英國作家，作品也不被重視。對此，學者紛紛提出以「英語文學（Literature in English）」的概念取代「英國文學（English Literature）」，也就是將以英語寫作的作家及文本都納入英語文學的範疇內，而不僅限於英國或美國。

### 從工具走向階級

隨著跨國公司發展，全球經濟以英語，或者更精確地說是以「美式英語」做為國際語言，對其他非英語系國家而言，無疑帶來莫大的衝擊。「學英語」在許多非英語系國家成了「全民運動」，而在「全民運動」之下，卻隱藏了本土語言受到排擠的結果。語言雖是一種溝通工具，但在許多亞、非國家，英語卻代表一種「階級」，是讓這些國家和想模仿的對象——英國、美國——更接近、更相似的方式。在學英語的過程中，人們自然地從模仿說美語，到模仿美國人、模仿美國價值觀，本土的文化傳統也就相對地被忽視了。

除了將外來的文化當做標準審視己身文化之外，英語也是社會地位的象徵，熟悉英語的人就被視為擁有能力、掌有較多資源的文化菁英，與不諳英文的人便有了社經地位的上下之別。這種一味崇拜英語、視英語為權力表徵的心態，正是語言從溝通工具走向文化殖民利器的關鍵。

### 你 Google 了沒？

歐洲的非英語國家如法、德等都已感受到學習英語的必要性。英國人則是深受被公認為國際語言的「美式英語」威脅，「美式英語」的「腔調」與「發音」和正統的英式英語大有不同，七〇年代前，英國曾大力阻撓好萊塢電影輸入，以防止英國口音流失，然而也不免受到美式英語影響。身為英語發源地的英國尚且如此，其他國家文化受美國勢力入侵的狀況，就更為嚴重了。

舉例而言，美國的 Google 搜尋引擎投入一點五億美元，將哈佛、史丹福、牛津圖書館等多達五千萬冊的館藏逐頁掃描放在網路上供人自由搜尋，此舉對人類知識的傳播確有貢獻，但就文化批判的角度看來，更有助於美國霸權勢力的擴散。在網路世界裡，「美國觀點」將會更大量地被「一言堂」式地傳播全球，相對地，其他文化則逐漸被消音。這種統治結構與殖民主義極為類似，雖然少了實質的領土占領，但影響力卻更加深遠。「你Google 了沒？」在學術界將成為「你搜尋資料了沒？」的指標，Google 雖以純粹商業利益為出發點，卻改寫了知識的內涵與世界的文化地圖。

# 英語的文化象徵意涵及對本土文化的影響

## 英語霸權
美國是當代的政治經濟強權，英語在全球擁有絕對支配地位。

象徵

### 國際語言
英語在全球貿易、金融領域裡有支配性地位，懂英語才有國際競爭力。

Deal!

### 菁英階級的象徵
英語代表對專業技術與科學新知的掌握。

我不會英文，唉！

Computer Programming

### 代表文明、進步
學習英語被視為邁向現代化、與先進文明連結的方法。

High Technology
Science

造成

## 英語學習熱潮
在非英語系國家，學習英語成為國際化的唯一途徑。

We love English

Good!

---

### 影響1
**傳統語言被忽視**
因英語的排擠造成母語流失，傳統文化無法傳承。

呷飽未？

What are you talking about？

### 影響2
**本土文化日益衰落**
英語的強勢入侵威脅本土文化認同，美式文化的地位凌駕本土文化。

Hollywood
國片

### 影響3
**美式文化稱霸全球**
美國為全球文化的領導者，各地區文化受其宰制，愈來愈趨向同質。

Google
Google

# Chapter 7
# 文化研究往何處去？

　　眾多的理論匯集成一個巨大的網絡，希望能幫助人們理解所處世界裡的文化現象。然而，當代文化的風貌又是如此多元豐富，讓人難以看清。本篇所介紹的酷兒性慾取向認同、晚期資本主義的商品文化、全球化衝擊、擬像社會的超真實，萬花筒般的諸多現象對文化研究的發展不啻是極大的挑戰。

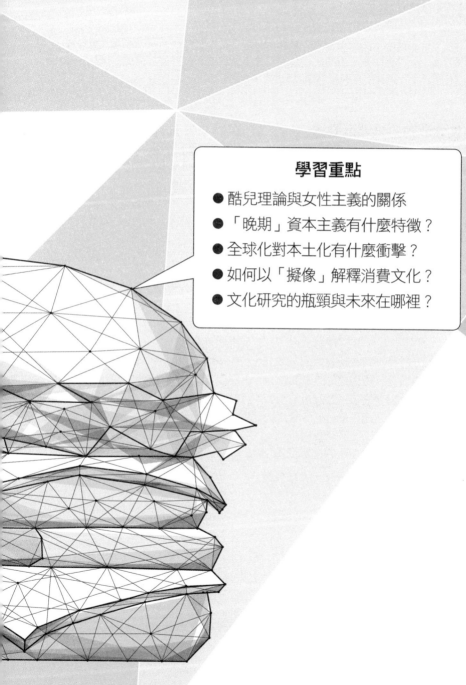

## 學習重點

● 酷兒理論與女性主義的關係

● 「晚期」資本主義有什麼特徵？

● 全球化對本土化有什麼衝擊？

● 如何以「擬像」解釋消費文化？

● 文化研究的瓶頸與未來在哪裡？

# 酷兒理論：造反有理！

> 「革命無罪，造反有理！」不但是中國文化大革命的口號，更是「酷兒理論」的行動圭臬。由同志理論和女性主義激盪而成形的「酷兒」理論，使得二十一世紀不再有任何穩居主流的價值觀。

## 性慾取向的分類與歧視

人一生下來就被分類了，先依性別分成男性和女性，再漸漸地因為生活環境、學歷等社會價值而分類，甚至連最私密的「性慾取向」即性慾與性需求的對象也受到社會規範而分為異性戀與同性戀。其中，同性戀者除了感情與性行為非以異性為對象外，其他地方與常人並無不同，就像選擇吃素或是吃葷、慣用左手或右手一般。然而，他們在社會上不僅被投以異樣眼光，所遭受的待遇也非常不公平。

以男同志為例，社會上有某些先入為主的偏見，將他們的人格特質定位為不同於異性戀者，如比較有藝術天分，外顯行為比較女性化、氣質陰柔等。這些刻板印象都是異性戀價值觀所導致的性別歧視，目的是區隔、打壓非異性戀者，框限住任何歧異發展的可能性。

## 對於女性主義的反思：從攜手到出走

為了打破異性戀體制僵化的思考模式，同志們自六〇年代開始與致力於批判不平等性別概念的婦女運動並肩抗爭，但在八〇年代末期又從婦運陣營中出走，自成一家。六〇年代，女性主義開始反省社會中不平等的性別概念，並指出與「生理性別」（依性徵所區分的男性女性）相應的「社會性別」（男性應該有理性、堅強等男性特質以及女性有感性、柔弱等女性特質）並非與生俱來，而是父權體制所建構、兩性應遵循的行為準則，目的是確立「男尊女卑」的社會秩序。這類僵固的性別規範正是同志們所反對的，因此，當時的同志運動主要是歸於女性主義麾下。

然而，在女性主義發展達到高峰之後的第二十年，也就是一九八〇年

### 同性戀與同志

「同性戀」原為病理和臨床醫學研究用語，由於其隱含異性戀中心以及視同性戀為疾病的負面思維；因此當代同性戀者多自稱為「gay（男同志，中文翻譯為基）」以及「lesbian（女同志，中文翻譯為拉子）」，以自我命名的方式達到積極地自我認同，且與醫學研究用語做出區分。

# 女同志從女性主義陣營出走的歷史過程

| 階段 | 歷史背景 | 發展重點 | 對同志運動的影響 |
|---|---|---|---|
| **攜手**<br>20世紀<br>60年代<br>～70年<br>代 | 第二波女性主義運動興起之時,女性主義者抨擊父權制度的理念與女同志相近,因此攜手抗爭。 | ●主張以女性主義理論為宗師,以女同志身分為具體實踐。<br>●強調自己是最愛女人、最認同女人的一群。 | 當時女性主義論述焦點並未放在「性慾取向」,而是女性的弱勢地位,壓迫女同志族群的異性戀體制並非關切重點。 |
| **出走**<br>80年代<br>～90年<br>代 | 愛滋猖獗,女性主義中保守者對女同志的性慾取向加以譴責,女同志與女性主義的連結出現裂痕。 | ●女同志在女性主義族群中得不到發言權,因此決定出走,另闢戰場為自己發聲。<br>●主要訴求為性慾取向不受歧視、同志婚姻合法化。 | 女同志與同受歧視、處境類似的男同志族群結合為一大陣營,「有志一同」地爭取性別平等與同志人權。 |
| **擴大<br>陣營**<br>20世紀<br>末期 | 社會更趨多元開放,酷兒登場成為性別運動的新論述主題。 | ●同志陣線擴大到雙性戀、變性、扮裝等更邊緣的族群,對所有僵固的性別概念予以批判。<br>●以扮裝遊行、反戰、反對各種形式歧視的社會運動來凸顯自己的訴求。 | 群體裡的內部差異愈來愈受重視,所有不符合異性戀性別規範的族群都被納入酷兒陣營,訴求也相當多樣化。 |

代起，「女同志女性主義」萌芽，並被視為女性主義研究下的一個分支。興起的原因是女同志開始質疑女性主義是否能夠真正地代表「女性」，亦可說是對女性主義的一種反彈。因為，由西方菁英女性所發起的女性主義，所關心的是兩性之間的權力關係，對女性處境的定位是以「白領階級」、「異性戀」的經驗為出發點，甚至以「白人女性」為主。當時，女性主義將天底下「所有的女性」歸為一類，認為身為女性，其生活經驗及所遭遇的問題必然類似；因此很少討論其他有色人種或同性戀女性的需求。這種漠視女性之間存在的種族、階級、性慾取向等差異的想法，其實和女性主義所反對的父權思想——她們女人就是這樣——如出一轍，也就是說，縱然女性主義批判父權體制的性別規範、致力於爭取兩性平權，但是本身卻未反省女性內部的權力不平等關係，最終仍落入父權思想模式的窠臼。舉例而言，當女性主義者疾呼「女性不是天生的家務負擔者，婚姻中家務應男女分攤」，卻忽略了女同志還未擁有婚姻的權利。女同志女性主義對此極為不滿，認為講求「平等」的女性主義，卻忽略了陣營內部的「不平等」。也因此，女性主義的觀照盲點成為女同志理論最重要的訴求。

## 將性慾取向帶入女性主義理論

女性主義所關心的是父權體制加諸在兩性身上的發展限制，並認為一個人的生理性別不該侷限其社會角色，例如，一個女性化的男人並不奇怪，也不應受到歧視。但女性主義並未特別反省性慾取向議題，而是以異性戀體制為常模，認為異性戀是自然的、不變的。但女同志理論家認為，對性慾取向的價值判斷也會變動；鑑諸歷史，不同時期、地區的文化當中，對於「發生在異性以外的性行為」及其相關的理解截然不同。例如，中國古代的男性只要娶妻生子，完成傳接香火的責任，不違反家庭倫理的同性性行為並未特別受到譴責；然而在現代，異性戀核心家庭（以婚姻為基礎所構成的家庭單位）的制度已然建立，為維繫社會秩序，非異性間性行為才成為必須預防、懲戒的道德禁忌。藉著分析同志身分的社會建構，女同志理論家將以往被忽視的性慾取向層面帶進女性主義理論中，使其視野更形擴

### 承認同志婚姻合法的國家

在異性戀為主流的社會，同志並沒有合法的婚姻權。經由同志團體的努力推動，荷蘭於二〇〇〇年首先承認同志婚姻。截至二〇一七年，全球承認同志婚姻的國家有荷蘭、比利時、西班牙、加拿大、南非、以色列、挪威、瑞典、葡萄牙、冰島、阿根廷、丹麥、巴西、法國、烏拉圭、紐西蘭、英國、盧森堡、愛爾蘭、美國、哥倫比亞、芬蘭、墨西哥（部分地區承認）。其他還有採行同性伴侶制度，但尚未承認同性婚姻的國家。

# 酷兒理論的訴求

## 異性戀體制的標準排列組合

| 生理性別<br>依生理構造與<br>性徵區分 | 男性 😊<br>我有男性性徵 | 女性 😊<br>我有女性性徵 |
|---|---|---|
| 社會性別<br>男性女性應遵<br>守的性別規範 | 😊 我應該有男性特質<br>=理性、堅強、勇敢 | 😊 我應該有女性特質<br>=感性、依賴、柔弱 |
| 性慾取向<br>性慾望與性需<br>求的對象 | 慾望對象必須是女性 ✔ ✘ | 慾望對象必須是男性 ✔ ✘ |
| 性別認同<br>自認為是男性<br>或女性 | 我必須認同自己為男性，不想改變自己的性別<br>😊 —認同→ 😊 | 我必須認同自己為女性，不想改變自己的性別<br>😊 —認同→ 😊 |

顛覆

**酷兒理論**　反抗僵化的異性戀體制排列組合，為一切不符合異性戀性別規範的「怪異」性慾取向爭取權益。

酷兒＝性別的邊緣族群

我們要爭取婚姻權！

媒體不該醜化我們！

男同志　　　女同志　　　扮裝者　變性者

大、觀照面更廣；例如同志婚姻權利、打破媒體加諸在同志身上的偏見等，都是同志運動所關心的議題。

## 酷兒：反擊異性戀標準

一九八四年，在學術界享有極高聲譽的傅柯因愛滋病去世。一九九〇年以後，同志議題終於隨著愛滋病的猖獗浮上檯面。學術界對於同志的討論也擴大到所有抗拒異性戀體制性慾取向的「酷兒」。酷兒陣營裡成員極為多元，有同志、雙性戀者、性別認同違常（如扮裝者或是變性者）等所有逾越異性戀規範、被視為怪胎的族群，他們雖然有各自的性慾取向，但為了同一目標而結盟，就是反對異性戀體制的統治與兩性關係。酷兒認為性別歧視不僅源自性別的差異，更是來自於異性戀標準對「非正常異性戀者」的壓迫；因此，女同志理論在九〇年代以後延伸出了「酷兒理論」，除了為同志爭取權益，更擴大範圍為泯除社會上的性別歧視與偏見而奮戰。

## 酷兒理論的顛覆力量

酷兒理論企圖打破異性戀與同性戀的二分法，顛覆所有的社會標準與價值分類；其所認同的社會，是一個真正擁有多元價值，而非倒向某一特定價值觀的社會。酷兒理論並非特指某種理論，而是多種跨學科理論的綜合，包括援引傅柯的性、知識與權力論述，以批判異性戀體制對非主流性慾傾向的規訓與懲罰；也借用女性主義理論對僵固的父權體制加以抨擊；酷兒在社會運動中也引用主張改革社會現狀的左派論述，企圖連結所有邊緣族群反抗主流價值觀。總之，只要能在行動面上顛覆異性戀體制，酷兒理論都可以將之納入旗下。

例如，逾越異性戀價值觀的「扮裝遊行」就是酷兒常運用的行動策略，酷兒們不再隱藏自己的性慾取向，而是在歡樂的遊行中一起現身在街頭、肯定自我，並凝聚了原本弱勢族群的集體力量。在世紀交替之時，酷兒理論因為積極的行動力與讓人耳目一新的表達方式挑戰了刻板的性別價值觀，從原本的小眾一躍為社會焦點，而成為文化研究裡不可忽視的研究主題。

### 什麼是「酷兒」？

「queer（酷兒）」一字於一五〇八年首次出現在英國牛津英語字典裡，意義是「奇怪的」、「怪異的」，一九二二年美國勞動局兒童部在一份報告書中將「queer」一字加上「同性戀」字義，直到六〇年代美國的同志運動中，酷兒始轉為出擊姿態，提出「我就是酷兒，你能拿我怎樣？」將貶抑意涵轉化為積極的自我認同，九〇年代的酷兒漸漸形成一種反抗異性戀體制的行動意識，為一切不符合異性戀性別規範的「怪異」性慾取向而發聲。

# 同志 vs. 酷兒

| 比較項目 | 同志 | 酷兒 |
|---|---|---|
| 定義 | 指慾望對象為同性者，分為男同志與女同志。 | 來自英文「queer」，原本意指「怪胎」，後指不遵從異性戀體制的族群。 |
| 立場 | **右派**<br>改革異性戀體制，使非異性戀者也能得到尊重。 | **左派**<br>反對任何主流意識、顛覆所有性別規範。 |
| 目標 | 爭取與異性戀者平等的社會地位，例如爭取同性婚姻權利。 | 推翻異性戀體制與任何形式的價值分類、歧視，例如推翻現有婚姻制度。 |
| 成員 | 男同志、女同志 | 同志、雙性戀、變性、扮裝者等所有逾越異性戀規範的族群 |
| 運動舉例 | 同志平權大遊行、同志婚禮 | 扮裝嘉年華、小劇場、與各種街頭社會運動結合 |

酷兒是 90 年代由同志運動所發展出來的新論述方向，其性慾取向較同志更多元化、地位也更邊緣。同志與酷兒在性別運動上各有訴求，但在反對異性戀體制壓迫上則是目標一致的盟友。

# 後現代馬克思：詹明信的文化邏輯

二十世紀末，跨國資本主義的洪流勢不可擋，文化也無法免除被商品化的命運。詹明信——美國最著名的左翼思想家——主張以晚期資本主義發展所對應的文化邏輯來分析當代種種現象，其觀點在文化研究領域極受重視。

## 被「定價」的一切

要了解當今人類所處的「後現代」文化狀況，就不能脫離經濟的層面，因為，資本主義到現階段，觸角已經伸入人類生活的各個領域，甚至人也已經被「物化」或「商品化」了。例如勞工的勞動價值被各種不同的標準所規格化，在勞動市場裡，擁有哪種學歷或證照的勞工，就可以領取某種固定標準的薪資。因此，現階段的資本主義已經發展至最「純粹」的資本主義，也就是一切人事物都變成資本而被「定價」了。後現代馬克思主義學者詹明信的文化理論所分析的正是因應「晚期資本主義」發展而產生的種種文化現象；其中「晚期」二字，指的是「近期」，因此「晚期資本主義」就是當今世界的全球化與資訊化的經濟現象。

由於歐美各國的跨國企業憑藉其龐大的經濟力量與先進的技術，將全世界整合進資本主義的生產、消費體制中，自此，人類的生活方式已無法遁出資本主義的網羅。詹明信以馬克思主義學者的身分，指出資本主義的發展既是災難、也是進步，它的確將人類物質生活提升到前所未有的水準，但資本主義邏輯也使文化商業化而喪失原有的深度與意義，因此他認為「資本主義是發生在人類當中最好的、也是最壞的事情」。

## 藝術的商品化

晚期資本主義社會裡，文化與商品的分野逐漸消失，這也是詹明信最憂心的。詹明信認為，資本主義的發展歷史有三階段：十九世紀的市場資本主義、十九世紀末至二十世紀二次大戰時期的帝國主義階段、以及二戰之後至今的晚期資本主義階段。每個階段的文化、藝術作品都會受當時的經濟型態所影響；現代主義是相應於帝國主義階段的文化狀況，其特色是藝術家帶有理想性，以藝術批判當時社會；而晚期資本主義階段則進入後現代主義的文化情境，後現代主義是藝術的商品化，與商品的藝術化，也就是文化工業的大勝利。舉例來說，一位電影導演推出一部叫好不叫座的電影，其所發揮的影響力將是有限的；基於票房理由，他將很難找到下一部電影的資金；相反地，若他能將電影與商業成功結合，製作出叫好叫座的電影，將可以藉由電影藝術發揮極大

的文化影響力。然而，電影是迎合大眾口味的文化商品，無法將「叫好」視為第一要務，而必須以「叫座」為前提，也就是說，可以「不文化」但一定要「夠商業」，這使得電影成了陳腔濫調，好萊塢賣座的商業電影一再重拍就是最好的例子。因此，相較於和現代主義時期的藝術家的自給自足、與商業保持距離，在後現代裡，文化已失去批判距離，無法自外於資本主義。

## 詹明信的資本主義三階段論

| 階段 | 市場資本主義階段 → | 帝國主義階段 → | 晚期資本主義階段 |
|---|---|---|---|
| 時間 | 19世紀 | 19世紀末～20世紀二戰時期 | 二戰之後至今 |
| 生產狀況 | ●以蒸汽馬達做為生產設備的動力<br>●以個人擁有的中小型企業為主 | ●以電動馬達為生產動力<br>●開發新技術和產品，企業的規模擴大 | ●以電子與原子能機器為動力<br>●跨國界的資本組織企業誕生 |
| 文本的表現方法 | **寫實主義文學**<br>●描寫資本主義機制下人類的生存樣貌和命運 | **現代主義文學**<br>●反映資本主義對人性的壓迫與剝削<br>●描寫人類恐懼、焦慮、迷失的心理 | **後現代主義文學**<br>●藝術文化高度的產業化和商品化<br>●內容膚淺無深度，懷舊卻遺忘歷史 |
| 文本舉例 | ●福樓拜：《包法利夫人》<br>●狄更生：《孤雛淚》 | ●卡夫卡：《蛻變》<br>●吳爾芙：《燈塔行》 | ●馬奎斯：《百年孤寂》<br>●卡爾維諾：《給下一輪太平盛世的備忘錄》 |

## 晚期資本主義的文化邏輯❶：視覺系社會

無處不是商品，無處不是文化的環境裡，形形色色、包裝精美的商品改變了人類的生活經驗與感受方式。高度發展的科技可以生產出幾可亂真的仿製品，因此視覺感官已經不再是人們辨識真假、是非的憑藉；詹明信稱此種仿真的虛擬影像為「擬像」。由於人們的生活裡充滿炫目迷人、真假難分的擬像，模糊了「真實」與「非真實」之間的界線，於是人們開始對真實的事物變得麻木，而這正是以視覺感官為主的社會的特徵。

以美伊戰爭為例，媒體將戰爭的實況傳播到每家每戶，但是，真實發生的戰事，在人們眼中卻與戰爭片演出的畫面相去無幾，人們不會因為真實的影像近在眼前，而更憐憫在戰爭中犧牲的人；相反地，因為似真非真的擬像充斥在人們的生活中，讓感官失去了辨別真偽的能力。

## 晚期資本主義的文化邏輯❷：歷史的抹除

視覺文化為人類生活經驗所帶來的另一個重大影響便是「歷史的抹除」：包括「歷史感的消弭」與「時間感的消弭」。歷史感的消弭原因是

「再現」過去歷史事件的媒介已由歷史典籍轉變為媒體影像了。過去人們藉著讀史書文本建立歷史感；但現在，人類的歷史想像不僅限於文本，更可藉由視聽科技擴張到以電影、電視劇來具象表現，透過擬像而成為大眾化或通俗版本的歷史。例如電視劇《武則天》將唐代的宮廷生活「演出來」，此劇宣稱一切「忠於史實」，事實上逝去的歷史不可能被還原；即使古代正史的寫作也僅是史官所記錄的特定觀點，不見得是「真正的歷史」，更何況電視劇必須迎合大眾口味與市場，又再加添了視覺美感與戲劇張力。因此在當代，這種「美學風格的歷史」取代了史書的記載，成為人們所理解的歷史。

另一方面，「時間」的概念也在這個擅長「再現歷史影像」的時代被削弱了。在當代的空間裡，擠滿了各種時間，包括過去、現在，甚至未來的影像，這些互相矛盾的時間片段被混合、穿插在同一時空，人們身在其中，便容易喪失了真實的時間感；歷史不再是一段完整、真實、有意義的過往，其「鑑古知今」的警世作用，在後現代的文化邏輯裡成為了玩世不恭的模仿與拼貼。

### 詹明信

美國馬克思主義批評家。因美國在冷戰期間是反共國家，詹明信對美國馬克思主義地位的回復起著關鍵性的作用；詹明信將馬克思主義視做眾多批評方法的一種而非唯一的中心價值，因而獲得學術界支持，《後現代主義或晚期資本主義的文化邏輯》為其代表作。

# 晚期資本主義的文化現象

## 晚期資本主義
資本主義全球化後，生產過程分布到全世界，商品生產比過去更快速，消費市場也更為龐大。

⬇

## 一切事物，包括文化都成為商品

例如：
文化素養＝＄200

例如：
藝術氣質＝＄2,000

例如：
知識分子＝＄20,000

⬇

## 媒體廣泛傳播視覺影像
生活裡充滿真假難分的影像，人們無法憑藉視覺分辨。

 ＝

⬇

**歷史的抹除**

## 無歷史感
歷史＝電視歷史劇

## 無時間感
過去、現在、未來的影像出現在同一時間

⬇

## 後現代的文化邏輯
平面拼貼、喪失感情、無深度、無意義，缺乏歷史觀

# 全球化：銳不可擋的衝擊

> 近來人們所購買的日用品，使用標示上有愈來愈多國的語言說明，而非僅有中文而已。這個現象顯示了「全球化」已悄悄在本地的日常生活紮根，在人們還沒意識到的時候，成為生活的一部分。

## 後現代地球村

資訊傳播迅速的後現代文化，是一種超越空間的文化。資訊科技的進步，不但改變了人們的生活型態，更加速了資訊傳播零時差的全球化速度。在同一個時間點，雖然是不同的時區（例如倫敦早上八點是台北的下午四點），不同空間的兩人可以藉由通訊科技的幫助進行對話與互動。這種便捷的通訊方式改變了空間概念，是以前的人類所無法想像的。

透過跨國企業的擴張、世界市場的整併及消費主義的興起等因素的推動，使得各地的經濟、政治、社會和文化的關係不斷加強、聯繫日益密切，而形成了「全球化」的現象。全球化真正實現了「天涯若比鄰」，使每個人的生活更緊密地與世界上其他人相聯結，例如在台北的服飾店可以買到巴黎剛推出的流行時裝、在澎湖也吃得到美國的麥當勞速食。由於「地球村」現象與我們的生活是如此的密不可分，因此任何一個地區發生爭端都會引起全世界的關注，一個區域戰事極可能牽一髮動全身而影響國際政局。

## 跨國企業壟斷全球市場

電影《電子情書》裡，湯姆漢克所經營的連鎖大書店最後迫使梅格萊恩的地方小書店關門大吉。事實上，這不僅是電影情節，更是發生在人們生活周遭的真實景況。由幾個以美國為首的第一世界西方國家所領導的跨國企業與財團，將世界當做「一個市場」，以結盟、購併等方式進行資本擴張。如速食業的「麥當勞」與運動用品「耐吉」等大企業運用充沛的資金不斷研發新產品，且大量生產降低成本，將這些物美價廉的產品銷往全球，對發展中國家的經濟產生了莫大的衝擊。放眼許多賣場，看似琳琅滿目的商品似乎可提供人們多樣選擇，其實僅可歸納成幾個品牌，而這幾個品牌又都是少數跨國企業集團的產品。

以歐美日先進國家為主的跨國企業勢力壟斷了全球市場，造成擺脫殖民後的第三世界國家生存空間被壓縮。經濟落後國家在此環境下，要發展自己的品牌可說困難重重；甚至某些擁有豐富天然資源的第三世界國家政府，為了籌措財源，必須出售珍貴的資源與礦產，供跨國企業做為原料之用。因此，從經濟的層面來看，全球化對

## 全球化的經濟現象

### 資訊科技進步
資訊的發展縮短了空間距離，使得跨國的經濟活動更加活絡。

### WTO體系確立
WTO（世界貿易組織）保障自由貿易，降低會員國間的關稅壁壘與貿易障礙。

促進

促進

### 跨國企業的發展
跨出國界尋求低廉的原料、勞工，以及廣大的消費市場。

形成

工人一天薪資USD1

### 國際分工
來自歐美國家的資本流向勞力密集、工資低、勞動條件較差的地區。

形成

### 商品自由流通
商品的製造成本極低，卻以昂貴的價格銷往全世界。

USD1000

富者愈富

貧者愈貧

我的辦公室在紐約，工廠在墨西哥，我的錢存在瑞士，我需要的技術來自日本，而我住在巴黎…

USD1000

買不起

第一世界和第三世界的影響可說是完全往相反的方向前進，使得「貧者愈貧、富者愈富」。

## 知識經濟

此外，當今強國的發展基礎，與殖民帝國時代大不相同。時有所聞的「後工業社會」、「資訊時代」，乃至於「知識經濟」等等，在在說明了一種新興的經濟型態的產生：相對於殖民時代有形的商品傾銷，「知識」（尤指科學知識）與「技術」的掌握與運用才是現今決定一國經濟前景與國際地位的關鍵，因此，對產業發展有直接幫助的知識才有經濟價值。

其中最炙手可熱的當推生物與資訊科技，這兩類科學知識是純粹的科學知識迅速進入應用與商業領域的典範。相較於以往學術象牙塔裡的科學知識，當今的科學研究以貼近人們生活所需為重點。例如美國的微軟公司抓住了時勢所趨，以其遍及全世界個人電腦的軟體創造了驚人的利潤。因此，在知識經濟逐漸全球化的過程中，「發展的優先次序」成了最重要的課題之一。當人們開始從金錢或商品的角度思索知識的價值時，人類的某些課題如哲學、文學的重要性便隨之減低，取而代之的是近乎狂熱的科技崇拜。

## 全球化與在地化的拔河

全球化對本土文化的衝擊是全球化議題中不可忽視的部分。由於歐美文化工業結合文化商品蔓延到世界各地，使全世界的文化趨向同質化、傳統價值喪失的情況愈趨嚴重。以奧斯卡頒獎典禮為例，美國電影界將所有以英語發音的影片視為主要對象，而所有非英語系的影片則以「外語片」稱之。當頒獎典禮全球現場連線播放時，這種以美國為中心審視影片的觀點，很難不影響到來自全世界不同國家的人的想法，而使「國家」或「鄉土」的認同感逐漸流失。

因應全球化對本土文化的衝擊，「在地化」的訴求應運而生。相較於全球化的同質性，在地化指的是掌握當地的獨特性，強調鄉土認同感與傳統文化。以台灣為例，「在地化」的具體呈現包括回歸當地歷史特色的古蹟保存運動、老街重建、傳統戲曲與工藝的商業化等。

全球化與在地化看似衝突，實則相互融合、不可分割，原因是在地化也無法自外於全球化市場，而必須以在地的觀點加上全球化的商業行銷方式，找出足以在競爭中生存的方法。因此，主張全球化與在地化相互為用的「全球在地化」已成為地區在追尋文化根源時，仍與國際市場接軌的行動策略。例如，宜蘭的國際童玩節便是以傳統民俗工藝融合全球化的商業經營，成功地將本土文化行銷國際的好例子。

# 文化全球化與在地化的角力

## 跨國企業壟斷全球市場

跨國企業所製造的文化商品，藉由強勢的媒體傳播到全世界。

### 文化全球化
世界各地都籠罩在西方文化的影響之下，形成同質化的全球化文化。

**角力**

### 文化在地化
本地的小眾文化，具有地方性、多元性、差異性的人文歷史特色。

全球　在地化
＝　　＝

全球思考　在地行動

### 主張1
**發展有鄉土特色的產業**
以鄉土資源、傳統特色吸引商機。

### 主張2
**文化尋根**
找回地方藝術與人文資產。

### 主張3
**保存地方傳統**
以地方文史工作保存傳統儀式、民俗活動。

請來參加傳統藝術節

## 全球化 vs. 對全球化的批評

全球化帶來的負面影響中，跨國企業對地區經濟的排擠以及生態污染等議題引發了最多的批評聲浪。相對於全球化支持者著眼於資本跨國流動所帶起的自由貿易與經濟發展；全球化的批評者主張，跨國企業將生產程序在國際間分工，把生產部門設於勞動標準及環保要求較低的地區；使得全球化的獲益者往往侷限在資本家與開發國家，造成全世界的貧富懸殊越發嚴重。

一九九九年，WTO（世界貿易組織）於西雅圖召開會議，會外發生了第一次最大的反全球化示威抗議，參與者從加工出口區的勞工、到抗議科技造成生態破壞的環保人士；讓世人清楚看到，所謂「雙邊平等」的自由貿易到底由誰獲利，揭發先進國家藉由全球化發展而獲得低成本的勞動力，且輸出剩餘產品。自此，每逢重要國際經貿會議召開時，全球化的批評者都會前去示威，希望藉此喚起世人對全球化負面後果的重視。

# 全球化 vs. 對全球化的批評

| 全球化 | | 對全球化的批評 |
|---|---|---|
| 將全世界整合為一個市場，使資本在全球各國移轉，資訊傳播以及生產、勞動、服務等均可跨越國界發展。 | **意義** | 反對全球化帶來的貧富懸殊差異、分配不均等不公平現象。 |
| ●外資移入發展中國家，能夠帶動經濟發展。<br>●先進國家的勞動、環保、人權標準可以隨經濟自由化而推廣到全世界。<br>●除去關稅障礙，消費者可以選擇物美價廉的外國產品。 | **主張** | ●亞、非洲等第三世界國家在全球化進程中，遭遇經濟不穩和社會失序等問題，地位愈來愈弱勢。<br>●全球化是全球生態污染的元兇。<br>●跨國企業壟斷全球市場，本土傳統產業失去發展空間。 |
| 1995年，WTO成立 | **代表事件** | 1999年，WTO西雅圖會外反全球化示威抗議 |
| 先進國家的財政部長、跨國企業的領導階層 | **代表人物** | 非政府組織的草根社團，如學生、環保團體、工運人士、消費者組織、無政府主義者 |

# 文化和科技：《駭客任務》的預言

電影《駭客任務》描述了一個為電腦所掌控的世界，在其中，人類幾乎都是「母體」的電池而已，每個人所經歷的生活不過是幻象與影像的堆砌，這種景象與布希亞的理論不謀而合。

## 弄假成真

我們生活在影像大量流通的社會，藉由發達的傳播媒體，讀萬卷書與行萬里路的求知精神，已儼然轉化為緊盯著電視或電腦螢幕的日常活動。在電視或電腦裡，所有的影像都栩栩如生、無遠弗屆：電視新聞之後緊接著播出的是「由真實故事改編」的連續劇；在電腦的虛擬世界裡，可以養寵物，甚至和喜歡的人（無論真人或虛擬的）同居。若根據聖經所言，上帝依祂自己的形象創造了人，那麼，隨著電子與電腦科技的進步，人類依照了自己所存在的世界創造了「虛擬」的電腦世界，又在模擬技術日新又新的網域裡，「創造」出來不知凡幾的虛擬人物，如電玩軟體的「蘿拉」一角。「蘿拉」雖是虛擬人物，卻被翻拍成電影，舉辦各種與蘿拉有關的比賽，例如尋找誰最像蘿拉。藉由不斷地實體化，她似乎真的存在著、活著。但其實蘿拉只是一個影像，一個原本由人類所主導的虛擬世界的影像。而現在，虛擬世界裡的影像卻漸漸地走出電腦螢幕，進入了人們的生活。

## 超真實時代的來臨

由於虛擬的影像與真實的事物太過於神似，真真假假之間使得人們難以分辨，而認為真實的非真，眼前的虛擬影像才是真實。法國哲學家布希亞稱此現象為「超真實」，也就是比「真實」更真實。這種真實讓人忘了真實與虛擬的界線，甚至讓人以為虛擬的真實才是真實的，而忽視了實體的真實事物。

這樣的情形在日常生活中屢見不鮮，例如標榜英國風情的茶館，一切擺設、裝潢、服務生的服裝、茶具等等都走所謂的「英國風」。許多人來到這裡，為的是「感受」這英國風情。但事實上，在英國並沒有這樣的茶館，而這間茶館卻比英國更像英國，比真實還完美——即布希亞所說的超真實。帶有英國風的茶館本應是相對於真實世界的英國而存在，但這幻想成為實體，使得原本不存在的虛擬想像（即英國風情）顯現了出來，它所打造出的英國空間掩蓋了「這種完美境界不存在」的事實，卻僵化了人們對英國的印象。消費者若親至英國，反倒會覺得英國並沒有期待中的「英國風味」而大失所望。

# 布希亞的擬像邏輯

## 消費導向的社會型態
商品大量流通，滲透到日常生活各個領域，引發人們的消費慾望。

## 追求商品的符號意義
消費不再是以使用價值為首要目的，而是追求商品所隱含的符號意義。

＝
**歡樂、夢想**

## 「擬像」將符號的意涵實體化
商品將人們腦海中的抽象概念化為實物與場景，呈現出栩栩如生的「擬像」，以刺激消費者的感官。

就視覺刺激而言，擬像給人的真實感比真實的美國更真實，真實於是瓦解。

## 虛擬的超真實更為真實
以虛擬的實物和影像製造出符合消費者期待的氛圍，較真實世界更像真的。

這裡才像美國，真好玩！

## 真實變得不真
消費者覺得真實的事物不如虛擬想像那般生動、刺激，因而大失所望。

這裡不是我心目中的美國！

## 後現代的世界
不再存有「真實」事物，而是由電腦數位化、影像處理、媒體傳播等擬像所建立的新世界。

在影像的世界裡，所有的影像同時共存，「模仿的」甚至可能比「真的」更像、更美，對感官，尤其是視覺的刺激更大，也因此更能帶來消費商機。相對地，絕對的標準，例如對「真實」的追求於是漸漸被拋卻。

## 複製與擬像

「超真實」另一個值得注意的是「擬像」與「複製」概念的區別，布希亞的理論重點便是擬像與其所伴生的文化現象。「複製」指的是有原型可以參照，而真實的原物價值較高；例如當代的汽車工業是由實體的原型車所大量複製出來的商品車。而「擬像」則是沒有原型可參照，其參照對象是「模型」——即虛擬的原型，在現實中並不存在，但價值有可能超越模型，如上文所提的虛擬「英國風情」、電玩角色「蘿拉」等等。由擬像所仿製出來的事物便是「擬仿物」，由於擬仿物是一種「沒有原物」的仿製品，其所呈現的是人們腦海中的抽象概念，因此完美得無懈可擊。

## 被擬像主導的生活

在我們的生活裡大量充斥著「擬仿物」，原因是後現代的消費模式、資訊傳播已經造成人類日常生活經驗的改變。影像進入了人們的生活，不僅構成了生活經驗的一部分，還進而主導了人們的生活方式。比方說，在鑽戒廣告中，鑽石象徵恆久不變的愛情，而美滿婚姻就必須購買鑽戒當做定情之物；其實鑽石與愛情的關聯都是想像的，是一種擬像，但許多人卻會認為買鑽戒是「應該的」、「真正的」相處之道，從而使得自己的生活本身成為一種「擬仿物」，成了電影、電視或廣告劇情的仿製品。所以在此同時，人們的生活也變成了影像一般，人們也參與了擬仿的過程了！

---

### 布希亞

當前法國最著名的哲學與社會學家。曾與羅蘭巴特一起從事研究，深受其影響。早在七〇年代便陸續發表擬仿概念的相關論文，但並未受到關注，直到影像時代與全球化來臨，其論述終被認識且蔚為一家。著有《物體系》、《擬仿物與擬像》等書。

# 符號對應真實的四種階段

**第1階段**　符號反映基本真實

### 聖體的秩序
表象為真實的反映。
例如：偶像明星未出道前的生活照。

**第2階段**　符號扭曲了基本真實

### 惡意的秩序
表象遮蓋且曲解了真實的樣貌。
例如：偶像明星的宣傳照。

眼睛畫大一點比較漂亮！

來不及瘦身，我直接修瘦一點

**第3階段**　基本真實已不存在

### 魔法的秩序
表象代替真實，呈現在眾人眼前。
例如：影像合成照片。

一切以服務「資本主義」為前提

**第4階段**　符號和真實一點關係都沒有

### 擬象的秩序
形象與事實毫無關係，擬像有自己的世界、秩序。
例如：虛擬的偶像人物。

# 文化研究的順境與窘境

經過半個世紀的發展，文化研究的學術定位雖然仍頗受爭議，但其發展歷程不但批判地反映了人類社會在過去五十年來的發展，也為文化變遷做出最忠實的見證。

## 窘境❶：研究評估

二〇〇二年標誌著文化研究史上最悲傷的一年。對許多熱心從事文化研究，或深受伯明罕學派影響的研究者而言，「伯明罕當代文化研究中心」在這一年被伯明罕大學完全地關閉，不啻是一場悲劇。伯明罕大學做為世界第一所文化研究中心，並一直在文化研究的領域被視為追求的標竿，卻毅然在二〇〇二年結束了這歷史悠久的伯明罕傳統。影響其關閉的直接原因，眾說紛紜，但主要的說法是起因於二〇〇二年英國官方「研究評估」結果，文化研究在伯明罕大學學術成就的評比等級僅得到 3a，這對伯明罕大學而言是非常大的打擊。做為英國傳統大學中數一數二的名校，伯明罕可以接受的最低評比等級是 4。因此，文化研究中心被迫關閉，引發的抗議聲浪延續至今。然而，在伯明罕之外的地區，英國各院校繼續開課，各個規模不同的國際會議也從未間斷過，世界各地的文化研究依然蓬勃發展。

## 窘境❷：方法與範圍

關於文化研究中心關閉原因的另一個說法是：確立文化研究的範圍與研究方法，一直是「文化研究」做為一門「學科」所無法突破的困境。文化研究比較像是一種綜合的分析方法，是一種「方法論」、一個關於「觀點」的學問；還未被視做一門研究範圍已然確立的學科。

首先，文化研究本身所採用的理論，是和許多學科共同應用的；例如，馬克思主義既是經濟學、政治學，也是社會學與心理學的理論。另一方面，在實際研究上，經濟、政治、社會、心理不能與「文化」分割成不同的領域單獨進行分析，由於這些因素層層

### 英國官方研究評估

簡稱 RAE，為英國政府所對大學的研究學門所進行的學術評估，目的是評估各校的研究品質，並據以分配經費。評比的等級由 1 至 5*，伯明罕大學文化研究所得的評比等級 3a 表示研究品質在英國國內屬於中等程度，並非十分優越。

# 文化研究的學科特徵

## 跨越學科的界線
超越既有的人文社會學科
研究文化的限制

| 經濟學 | 社會學 |
| 政治學 | 文化研究 | 文學批評 |
| 哲學 | 歷史 |

## 接合各種研究方法
應用各學科的理論和方法論
來研究文化

## 無法獨立於其他學科
所研究的是當代文化與社
會、權力以及政治的關係，
因此不能單獨分析

# 跨學科、反學科

正面

負面

## 機動性、批判性強
● 可以依據研究的主題與目的，不
拘一格地擷取某些學科知識來進
行研究。
● 拒絕被劃入某個學科，也意謂著
不戀棧既有的學術資源，永遠保
有文化研究的本質——邊緣性格
及批判性格。

## 學科疆界不清
● 研究主題所涵蓋的範圍過廣，使
「文化研究」一詞失去焦點。
● 文化研究與人文、社會學科的研
究範疇上有所重疊，無法確立本
學科的特殊性，這也是伯明罕事
件發生的重要原因。

交疊，才構成文化的整體，因此缺一不可；也就是說，文化因素會影響各個領域的研究，而且各個領域的研究主題也都與文化有關。因此，文化研究所要研究的範圍到底是什麼，始終是文化研究者所無法突破的理論困境。

此外，文化研究與社會學在主題上，如性別研究或後殖民研究，有著極高的重疊；與文學批評在理論上亦有極高的重複，因此有些大學如英國的曼徹斯特大學，將文化研究相關課程置於英語系之下，而當初將文化研究學位置於英語系之下的伯明罕大學，卻已經將文化研究課程改置在社會學系之下了。

## 跨學科研究的興起

文化研究的跨學科研究特色雖然可說是文化研究的困境，卻也可以視為文化研究在學院裡歷久不衰的原因。文化等領域之所以無法與政治、經濟、社會、心理完全割離分析，是對問題本身切入點的不同所致。以研究美伊戰爭為例，政治學者關心的可能是美國政府的國際戰略；經濟學家關心的，是戰爭對國際油價的影響；社會學家關心的，可能是戰爭對伊拉克當地家庭的衝擊，如物價的上揚對家庭關係的影響等等。這些議題，不但互相影響，更可以進一步綜合在文化研究的領域之內，再從文化的角度將以上議題綜合討論、批評與分析，如媒體直播戰爭的「再現」議題、資本主義在戰爭中的運作，或是戰爭在消費社會裡的意義等等。進行研究時，跨越既有的人文社會學科的分野，依據研究主題來援引各種學科的理論與方法，正是文化研究的彈性與創新之處。

## 文化政治學：新的展望

從政治的角度來說，文化研究具批判精神的跨學科研究方式，正是當今社會對政治感到無力的良方。無庸置疑，文化研究帶有政治立場。它期待的是「改變」世界，而改變世界的第一步便是改變人們對世界的看法，讓人們了解到所生存的世界並不是給定的，而是可以被改變的。文化研究揭露並分析文化中的知識、權力與宰制關係，喚醒人們的政治意識，因此，文化研究也是「文化政治學」。具體地說，文化政治學是要在以知識的各種形式，在現有社會體制下，對社會的權力結構加以剖析、尋求解答，從而改變現狀以達到更平等的境界。文化研究秉持著根深柢固的批評精神，的確為人類社會注入了一股思想上的新力量。

# 文化研究的政治本質

## 文化研究

了解政治、經濟與文化的互動和變遷，及其中的權力不平等現象，研究目的是對權力關係加以批判。

## 研究當代文化現象

解讀特定事件的文化意義，及其對社會與個人產生的限制與影響。
例如：全球化的麥當勞現象對台灣飲食文化的影響。

大家都不來小吃店

## 批判的分析

揭露其中的權力和政治因素，以指出社會問題的根源。
例如：麥當勞企業挾龐大資本席捲全球。

## 文化研究＝文化政治學

文化研究目的不是為了從事抽象的哲學思考，而是要批判性地了解社會，並在必要時介入、改革社會，是一門生氣蓬勃的學科。

我想要工作！

捍衛本土食品業！

國家圖書館出版品預行編目資料

圖解文化研究（更新版）/ 陳瀅巧著. -- 修訂一版. -- 臺北市：易博士
文化, 城邦文化出版：家庭傳媒城邦分公司發行, 2023.03
　　面；　公分
　　ISBN 978-986-480-044-5(平裝)
　　1.文化研究
　　541.2　　　　　　　　　　　　　　　　　　　107005580

DK0078

# 圖解文化研究【更新版】

作　　　　　者／陳瀅巧
企　畫　提　案／蕭麗媛
企　畫　執　行／林雲、呂舒峮、何湘葳
企　畫　監　製／蕭麗媛

業　務　經　理／羅越華
總　　編　　輯／蕭麗媛
視　覺　總　監／陳栩椿
發　　行　　人／何飛鵬
出　　　　　版／易博士文化
　　　　　　　　城邦文化事業股份有限公司
　　　　　　　　台北市中山區民生東路二段141號8樓
　　　　　　　　電話：(02) 2500-7008　　傳真：(02) 2502-7676
　　　　　　　　E-mail: ct_easybooks@hmg.com.tw
發　　　　　行／英屬蓋曼群島商家庭傳媒股份有限公司城邦分公司
　　　　　　　　台北市中山區民生東路二段141號11樓
　　　　　　　　書虫客服服務專線：(02) 2500-7718、2500-7719
　　　　　　　　服務時間：週一至週五上午09:30-12:00；下午13:30-17:00
　　　　　　　　24小時傳真服務：(02) 2500-1990、2500-1991
　　　　　　　　讀者服務信箱：service@readingclub.com.tw
　　　　　　　　劃撥帳號：19863813
　　　　　　　　戶名：書虫股份有限公司
香港發行所／城邦（香港）出版集團有限公司
　　　　　　　　香港灣仔駱克道193號東超商業中心1樓
　　　　　　　　電話：(852) 2508-6231 傳真：(852) 2578-9337
　　　　　　　　E-mail：hkcite@biznetvigator.com
馬新發行所／城邦（馬新）出版集團【Cite (M) Sdn. Bhd. (458372U)】
　　　　　　　　11, Jalan 30D/146, Desa Tasik, Sungai Besi,
　　　　　　　　57000 Kuala Lumpur, Malaysia
　　　　　　　　電話：(603) 9056-3833 傳真：(603) 9057-6622
美　術　編　輯／簡至成
封　面　構　成／簡至成
內　頁　插　畫／溫國群
製　版　印　刷／卡樂彩色製版印刷有限公司

■2006年11月29日初版
■2018年04月24日修訂一版
■2023年03月22日修訂一版3.2刷

ISBN 978-986-480-044-5

城邦讀書花園
www.cite.com.tw

定價350元　HK$ 117